세 상 에
읽지 못할
책은 없다

.

평범한 대학생을 메이지대 교수로 만든 독서법

세 상 에
읽지 못할
책은 없다

사이토 다카시 지음 | **임해성** 옮김

21세기북스

내가 쉽게 책을 읽는 방법

독서를 즐겨하지는 않는다고 해도 책 자체를 폄훼하거나 싫어하는 사람은 별로 없을 것이다. 책의 유용성은 누구나 인정한다. 다만 TV나 인터넷과 비교해 약간 귀찮은 매체임에는 틀림없다.

활자를 쫓아가는 작업은 상당한 에너지를 필요로 한다. 블로그나 SNS로 포스팅된 짧은 글은 큰 에너지 소비 없이도 바로 읽을 수 있다. 이와 비교해서 책은 아무래도 분량이 있어서 쉽게 읽어낼 수는 없다. 책만 읽으면 졸음이 오는 사람, 줄거리를 파악하지 못하고 글자의 숲에서 미아가 되는 사람, 책 한 권을 다 읽는 데 시간이 아주 많이 걸리는 사람, 또는 이런 경험 때문에 처음부터 아예 책을 가까이하지 않는 이도 있을 것이다.

나는 이런 현상을 안타깝게 생각한다. 새삼스럽게 말할 필요도 없지만 책만큼 지식과 정보로 가득한 매체는 이 세상에 없기 때문이다. 더욱이 책은 동서고금의 모든 분야를 망라하고 있으며 인류의 지혜를 담고 있는 만큼 깊이도 있다. '귀찮음'만 극복하면 그 수고를 넘어서는 충분한 보상이 기다리고 있는 것이다.

그런데 만약 그 귀찮음을 없앨 수 있다면 어떨까? 오롯이 독서가 주는 선물만 남을 것이다. 어떤 책이든 스트레스 받지 않고 술술 읽을 수 있고 짧은 시간에 책의 '양분'을 흡수할 수 있다면, 읽는 양도 단시간에 확 늘릴 수 있다면 얼마나 행복할까.

그런 방법이 어디에 있느냐 하고 반문할지 모르지만 실제로 있다. 사실 나는 지금까지 계속 이 방법으로 책을 읽어왔다. 오히려 "독서는 귀찮다"는 사람들의 말을 들으면 '왜 일부러 가시밭길을 가려고 하는 걸까?' 하는 의혹마저 느꼈다.

그렇다고 특별한 속독 기술을 익히자는 이야기는 아니다. 글자를 읽을 수 있다면 그것으로 충분하다. '독서'에 대한 생각도 바뀔 것이다.

자세한 내용은 본문에서 밝히겠지만 핵심은 두 가지다. 하나는 책 읽기를 즐기라는 것이다. 독서는 수행이 아니다. 특히 이 부분을 강조하고 싶다. 책 읽기는 숙제나 프로젝트 같은 게 아니다.

업무상 참고하려고, 또는 역량 강화를 위해 책을 읽는 경우도 있겠지만 대개는 지적 호기심을 만족시키기 위해 독서를 한다. 호기심의 강도는 높을수록 좋다. 어떤 계기로 '좀 더 알고 싶다'는 대상이 나타나면 굳이 주저할 이유가 없다. 10권이든, 20권이든 궁금증이 풀릴 때까지 관련 책을 읽으면 된다. 이런 왕성한 호기심이 독서의 원동력이다. 어떤 책이든 부담 없이 술술 읽는 게 가능해진다면 독서 욕구가 더욱 커질 것이다.

또 하나는 양(量)을 늘리는 것이다. 나는 이 책에서 장서 1,000권을 목표로 하라고 제안할 것이다. 벽 한쪽 면을 책으로 채우면 된다. 얼핏 많아 보이지만 그렇지도 않다. 방에 책장이 아예 없거나 몇 권 꽂혀 있지 않다면 그렇게 느껴질 수도 있다. 하지만 습관만 들이면 어느새 꽂을 곳이 없어질 것이다.

내가 권하는 방법으로 독서를 하게 되면 500권 정도까지는 비교적 쉽게 읽을 수 있다. 거기까지 다다랐다면 그 다음은 더 수월하다. 이내

1,000권까지 읽을 수 있다. 여기까지 왔다면 지식이 많이 쌓였을 뿐 아니라 감정 또는 가치관에도 영향을 받았을 것이다. 세상에 대한 견해와 자신의 인생이 바뀔지도 모른다. 그것이 바로 독서의 묘미다.

'맛집'이라고 소문난 식당에서 음식을 먹으려면 길게 늘어선 줄 끝에 서서 기다리는 '귀찮음'이 따른다. 그래도 맛있는 음식을 먹을 수 있다는 생각에 군말 없이 참는다. 맛있는 음식을 먹겠다는 의지는 귀찮음을 상쇄하고도 남는다. 더군다나 만약 '먹고 싶다'고 생각한 순간 배달도 가능하다고 하면, 다시 말해 '귀찮음'에서 벗어날 수 있다면 꼭 먹어보자는 마음이 생긴다. 그러나 유감스럽게도 배달 서비스가 있는 맛집은 없다고 봐야 한다. 그럴 필요가 없기 때문이다. 하지만 책은 가능하다. 온라인에서 주문만 하면 당일 배송도 된다. 얼마나 좋은 세상인가. 그러므로 여러분은 이 책을 통해 '귀찮음'에서 해방된 산해진미와도 같은 책 읽는 기술을 익히기만 하면 된다. 게다가 나는 이 책에서 내가 지금까지 읽은 책, 특히 책 읽는 습관이 들지 않은 사람도 재미있게 읽을 수 있는 책을 계속 소개할 것이다. 어떤 책을 읽을지 고민이라면 내독서 목록을 참조해도 좋을 것이다.

그리고 각 장의 끝에 '독서 고민 상담'이라는 칼럼을 덧붙였다. 평소

나는 독서와 관련된 상담을 자주 한다. "시간이 없다", "끝까지 못 읽겠다", "무엇을 읽어야 할지 모르겠다", "아이에게 읽어줄 만한 책 좀 알려달라" 등 내용도 천차만별이다. 그래서 이 칼럼을 통해 각 장에서 이야기한 내용과 연결되는 상담 내용을 소개하고 내 나름의 답변을 제시했다. 어디까지나 주관적인 생각이므로 그것이 정답이라고는 할 수 없다. 내가 실제로 실천하고 있는 방법들이며 내 선에서의 검증은 끝났다고 할 수 있다. 그 중에서 여러분에게 참고가 될 만한 것들을 찾아내 한번 시도해보기를 바란다.

세상에 읽지 못할 책은 없다

제1장 독서에도 요령은 있다

방법 1 **한번에 여러 권 읽기**

방법 2 **입문서부터 시작하기**

제2장　장편소설을 끝까지 읽는 방법

제3장 기업·역사소설에서 비즈니스 능력을 키우는 법

제5장　나에게 좋은 책을 고르는 법

방법 1　**새로 나온 책을 자주 접하기**

방법 2　**베스트셀러의 두 가지 장점**

방법 3　**출판사마다의 개성을 파악하기**

방법 4　**커다란 책장부터 마련하기**

독서에도
요령은 있다

고민

...

'바빠서 책 읽을 시간이 없어.'

'책을 펴긴 했는데 끝까지 읽지는 못하는 걸.'

'읽는 속도가 느려서 한 권 읽는 데 시간이 너무 많이 걸려.'

방법 1

한번에 여러 권 읽기

처음부터 끝까지 다 읽을 필요는 없다

'쉽게 질리는 성격이라서 좀처럼 한 권의 책을 끝까지 읽지 못한다.'

'중간에 자꾸 다른 것에 흥미를 빼앗겨버린다.'

'내 집중력에 문제가 있는 건가?'

이 책을 읽고 있는 여러분도 같은 고민을 하고 있지 않은가?

결론부터 말하자면, 책 한 권을 다 읽는 데 너무 매달릴 필요는 없다.

오히려 무리해서 완독하려다 보면 독서 자체를 멀리하게 될 수도 있다. 처음부터 책을 끝까지 다 읽겠다고 생각하진 말자.

소설과 일반 단행본을 나눠서 생각해보자. 소설의 경우에는 완독을 하느냐 마느냐는 작가와 독자의 궁합에 의해 좌우된다. 작가와의 궁합은 어떤 의미에서는 실제 인물과의 사귐과 비슷하다. 마음이 맞으면 관계가 즐겁지만, 그렇지 않으면 재미없게 느끼는 것이다. 어느 쪽이 좋고 나쁘냐의 문제는 아니다.

부드럽고 말랑말랑한 문체를 좋아하는 사람이 있는 반면 시원스럽고 간결한 문체를 선호하는 사람도 있다. 자신에게 맞는 문체를 만나면 자연스럽게 술술 읽어나갈 수 있다. 만약 신경을 써서 읽으려고 하는 데도 진도가 나가지 않는다면 그 소설의 작가와 궁합이 맞지 않는다고 여기는 편이 나을 수 있다.

나에게도 그동안 몇 번이고 시도했지만 다 읽지 못한 소설 작품들이 있다. 글이 어려운 것도 아닌데 이상하게 책이 넘어가지 않았다. 결국 도저히 궁합이 안 맞는 것이라 생각하고 책을 덮기로 했다.

장편소설을 읽기 전에 우선 그 작가의 단편소설을 하나 골라서 자신과 궁합이 맞는지 살펴보는 것도 좋은 방법이다(이와 관련해서는 제2장에서 자세히 설명하겠다). 동서고금에 걸쳐 수없이 많은 작가가 있고, 서점에 가면 무수히 많은 책들이 있다. 이것저것 펼쳐보면서 읽다보면 '나한테 맞을 것 같다'거나 '재미있을 것 같다'는 작품을 만날 수 있다.

단편소설의 경우 단편집이라고 해서 한 권으로 모아놓은 경우가 많은데 반드시 수록된 모든 작품을 다 읽을 필요는 없다. 두세 편 읽어보고 맞지 않으면 다른 작가의 단편을 찾아보는 것이다. 그렇게 하다 보면 어느새 다양한 작가와 만나고 있는 자신을 발견할 것이다.

한편 일반 단행본의 경우에는 아예 완독하려는 욕심을 갖지 않는 게 좋다. 이런 유의 책은 대부분 지식을 담고 있기 때문에 그 책에서 자기가 알고 싶었던 지식을 얻으면 그만이다. 그 시점을 완독이라고 봐도 무방하다. 전체 분량의 20~30퍼센트 정도만 읽으면 된다.

대신 더 많은 책을 접해서 핵심만을 취한다. '한 장(章)만 읽겠다'거나 '○○○에 관해 서술된 부분만 읽겠다'는 식이다. 지식 획득이 목적인 책은 많이 접해 핵심만 취하는 게 좋고 실제로 그렇게 읽는 것이 도움이 된다.

사실 우리 주변에 이른바 독서가로 불리는 사람들은 그다지 완독에 집착하지 않는다. '완독하고 나서야 다음 책을 읽겠다'는 원칙을 정해두면 일평생 읽을 수 있는 책의 양이 줄어들기 때문이다. 가령 집안 서재에 1만 권의 장서를 보유한 사람이 있다고 해서 그가 1만 권을 전부 읽었을까? 그렇지 않다. 필요한 지식을 얻기 위해 소위 발췌독을 거듭한 결과 많은 양의 장서를 갖게 됐다고 봐야 한다.

한 사람이 일생 동안 책을 읽을 수 있는 시간은 제한돼 있다. 그 누구도 세상에 존재하는 책을 다 읽을 수는 없다. 완독에 집착하기보다는 그 시간 동안 얼마만큼 다양한 책을 접할 것인지, 책과 얼마나 잘 교감할 것인지를 생각하는 게 더 중요하다.

이런 방식을 꼼수라고 생각하는 사람이 있을지도 모르겠다. 특히 일본 사람들은 성향이 고지식해서 처음부터 마지막까지 전부 읽지 않으면 안 된다는 고정관념이 강한 것 같다. 하지만 되레 그렇기 때문에 끝까지 읽지 못하고 포기하는 경우가 많은 것이다. 게다가 그렇게만 되면 다행인데 아예 책을 멀리하는 단계로까지 가버린다. 그때까지 들인 시간과 노력을 생각하면 정말 안타까운 일이 아닐 수 없다.

비록 불성실하게 느껴질 수 있고 여기저기 벌레 먹은 듯 듬성듬성 읽더라도 일단 손에서 책을 놓지 않는 것이 중요하다.

세상에 읽지 못할 책은 없다

많이 사서 조금씩 두루 읽는다

'이 책을 다 읽고 나서 그 다음 책을 봐야 한다'는 사람이 많을 것이다. '우유가 떨어져야 새 우유를 산다'는 식인데, 독서에 관해서만큼은 이런 스타일을 버리라고 말하고 싶다. 5권이든, 10권이든 동시에 병행 독서를 해보자. 중간에 읽다가 던져도 좋다. 다 읽지 못한 책이 80퍼센트라고 해도 상관없다.

우유를 그만큼 사다가 쟁여놓는 것은 나중에 유통기한이 지나서 버릴 확률이 높은 비효율적인 행동이지만 독서에서만큼은 그렇지 않다. 오히려 일종의 위험 분산 전략이 될 수 있다. 한 권만 구입했다가 만약 그 책이 재미가 없어서 그만두게 되면 독서 습관마저 끊길 수 있다. 그렇지만 여러 권을 동시에 읽어나가다보면 비록 한 권을 중간에 포기한다고 해도 다른 책을 통해 독서를 계속할 수 있다. 그렇게 6개월 동안의 독서량을 비교했을 때 단연 병행 독서 방식이 압도적으로 더 높다.

'비싼 돈을 주고 산 책인데 완독하지 않으면 아깝다'고 생각하는 사람도 있을 것이다. 하지만 억지로 한 권을 다 읽어봤자 결국 흥미가 없이 읽은 터라 온전히 기억하지도 못한다. 기억을 하지 못한다면 오히려 독서에 들인 시간이 아깝다고 이야기할 수 있는 것이다.

나도 학창 시절에는 한 번에 한 권씩 완독해나가는 것을 독서 원칙으로 삼았었다. 그러자니 같은 책을 몇 번이나 손에 들었다 놓았다를 반복하게 되고 쉽게 피로감을 느꼈다. '이 책을 다 읽어야 다른 책을 읽을 수 있다'는 마음과 '빨리 다음 책을 읽고 싶다'는 생각이 뒤엉키면서 지금 읽는 책에 집중하지 못하는 자신을 발견하고는 '이게 무슨 되도 않는 고생인가' 하며 허탈해지기도 했다.

그래서 언제부터인가 그냥 '많이 사서 돌려가며 읽겠다'는 생각으로 바뀌었다. 어느 순간 완독에 대한 부담감이 싹 사라졌다. 책과 즐겁게 사귈 수 있는 방법을 하나 터득하게 된 것이다.

그렇다면 무슨 기준으로 책을 읽었다고 할 수 있을까? 그 기준 중 하나는 '내용을 다른 사람에게 전달할 수 있는가'다. 책을 읽고 나서 제대로 읽은 부분을 정리할 수 있거나 문장을 인용해서 말할 수 있는 책이 10권 있다면 그만큼 내용 숙지가 됐다는 증거가 될 수 있다. 이쯤만 돼도 큰 성과라고 할 수 있다.

뒤집어 생각해보면 다른 사람에게 설명하기 위해 책을 읽는다고 생

세상에 읽지 못할 책은 없다

각하는 것도 독서 습관을 들이는 좋은 방법이다. 이렇게 생각한다면 '이 장만이라도 정리를 해보자', '이 부분을 이야기해줘야지' 등의 의지를 갖게 된다. 이런 작업이 가능해지면 읽은 책의 기본은 충분히 이해했다는 얘기다. 그렇지 않다면 그 책은 오래 붙들고 있어도 의미가 없다. 어쨌든 완독을 하지 않아도 충분히 책을 읽었다고 말할 수 있다.

책을 사면 바로 카페로

책을 읽기 전에 사전 작업이 필요하다. 이 작업을 하기에 가장 좋은 공간은 카페다. 책을 사면 곧장 카페로 간다. '읽고 싶다'는 욕구가 가장 높을 때는 책을 구입한 직후다. 그 기회를 놓쳐서는 안 된다. 바로 조용한 카페에 들어가 책을 펼쳐 들고 욕구를 채우자.

낡은 생선을 신선할 때 손질하는 것과 같은 이치다. 물론 책이 쉽게 썩지는 않지만 사놓고 방치하는 것은 책을 읽고 싶은 욕구가 부패하는 것과 같다. 부지불식간에 '읽고 싶다'는 욕구가 사라지고, 책장에 꽂아두고는 그 책의 존재조차 잊어버리는 경우도 있다.

그러면 카페에서 어떤 작업을 해야 할까? 추천하는 방법은 '한 권에 20분 동안 훑어본다'는 식으로 시간을 나누는 것이다. 쓱쓱 넘겨보면서 재미있을 것 같은 부분에 표시를 한다. 그렇게 대강 어떤 내용인지 파악한다. 가능하면 그 책을 다른 사람에게 소개할 수 있을 정도의 수준으로 집중해서 본다. 이 정도 작업이면 20분이면 충분하다. 세 권을 샀다고 치면 한 시간에 끝낼 수 있다.

이 작업을 끝내고 집에서 그 책을 펴면 곧장 책속으로 빠져들 수 있다. 흥미로운 내용이 어디인지 표시를 해뒀기 때문에 그 부분을 자세히 읽음으로써 효율적인 독서가 가능해진다.

이 방식은 생각날 때마다 가끔씩 해보는 것이 아닌 습관으로 만들어야 한다. 매월 2회 정도 주기적으로 실행하면 뇌가 단련되고 지적 호기심으로 넘치게 될 것이다. 세상 지식에 대한 호기심의 감도도 높아져서 더 많은 것을 읽고 싶어진다.

처음에는 적응이 안 돼 힘들 수도 있지만 조금만 버릇을 들이면 이내 쾌감으로까지 확산된다. 독서라는 행위는 지식을 찾아 떠나는 일종의 트래킹이어서 어느 정도 익숙해지면 정신적·체력적으로 피로감이 느껴지지 않는다. 그만큼 두뇌가 단련되기 때문이다.

사유(思惟)를 중요시하는 철학자들은 독서를 폄훼하기도 한다. 쇼펜하우어는 "독서는 한심한 행위"라고 말했으며, 니체는 "독서나 하는 게으른 사람을 혐오한다"고까지 비난했다. 세상의 거대한 이치를 남의 생각(책)을 통해 거저 얻으려는 태도를 비꼰 표현이다.

그러나 그건 어디까지나 '위대한' 사상가들의 이야기이고 우리 같은 '범인(凡人)'은 남의 생각을 많이 훔쳐봐야 한다. 더욱이 오늘날과 같은 모바일 시대에 독서는 더 이상 게으른 행위가 아니다. 매우 능동적인 활동이다.

여하튼 독서를 '게으르다'고 느낄 정도의 경지는 차치하더라도 우선 '피곤하지 않다'는 영역까지만 도달한다면 현인들의 수준에 한 걸음 더 다가간 것이라고 할 수 있다.

언제 어디서든 책을 읽을 수 있게

병행 독서란 단시간에 대량의 책을 '발라내는' 독서법이다. 한 권의 책을 맹렬하게 읽어나가는 방식이 아니라 필요한 부분만 추출해 경우에 따라 그 부분만 읽는 발췌독을 하되 여러 권의 책을 동시에 읽는 것이다.

나의 경우를 예로 들면 나는 각각의 생활공간에 여러 권의 책을 분산해서 배치해둔다. 거실에도 책이 있고, 화장실에도 있고, 가방 안에도 책이 들어 있다. 24시간 어디에 있더라도 책이 눈에 보이는 환경을 만들어놓았다.

이 책 저 책을 번갈아가며 읽으면 내용을 잊어버리거나 혼동되지는 않을까? 결론부터 이야기하면 괜찮다. 읽는 장소가 각각 다르다는 것이 기억을 돕기도 하며, 인간의 두뇌 자체가 복잡한 사고에 대응하도록 만들어져 있다.

대부분의 TV 드라마는 일주일 주기로 방영된다. 일주일 만에 드라마를 보더라도 이번 주 방송분을 시청하다보면 자연스럽게 지난 주 내용이 기억나지 않는가? 동시에 여러 개 드라마를 봐도 그렇게 헷갈리지는 않는다. 설사 혼동하는 일이 생겨서 전혀 새로운 스토리로 이어갈 수 있다면, 그것도 나름의 재능이라고 할 수 있다.

게다가 책은 여러 곳에 놓아두더라도 일주일을 방치하는 경우는 별로 없다. 오히려 동시 병행으로 단기간에 집중적으로 읽기 때문에 뇌

세상에 읽지 못할 책은 없다

가 자극되고 정보처리를 더 빨리 하게 된다. 쉽게 말하자면 '머리가 좋아진 듯한 기분'이 든다.

내게 책이란 단순히 지식을 얻는 수단을 넘어 저자의 속삭임을 듣고 그것에 이끌려 영향을 받는 것이라는 이미지가 있다. 그래서 완독을 했느냐, 못했느냐보다는 어쨌든 책을 통해 '저자의 목소리'를 들으면서 정신적으로 차분해지거나 기운을 차리게 되는 것이다. 그 책의 저자가 역사에 이름을 남긴 위대한 인물이라면 감사한 마음이 더 커진다.

6세기 일본에 불교를 중흥시킨 인물 쇼토쿠태자(聖德太子, 성덕태자)는 열 사람의 이야기를 동시에 들으면서도 그 내용을 이해했다고 한다. 역사적 진위는 알 수 없으나 이 이야기가 사실이라고 하더라도 그리 놀랄 만한 일은 아니다. 10권 정도의 책을 동시에 읽는 것은 누구라도 충분히 가능한 일이다. 나는 학생들에게도 이렇게 지도하고 있는데, 처음에는 지레 짐작하기도 어려워하다가도 의외로 쉽게 목표를 달성한다. 요컨대 해보지 않아서 그렇지 해보면 다 할 수 있다.

가는 곳마다 책이 있는 행복

생활 리듬과 공간에 맞춰서 읽을 책을 배치함으로써 내용을 보다 쉽게 흡수하는 동시에 기분 전환에도 활용할 수 있다.

예를 들어 출근길 지하철 안에서는 업무 기술이나 정보를 얻기 위한 책으로 워밍업을 하고, 퇴근할 때는 재미있는 소설 등으로 머리를 식히는 것이 좋다. 집에 돌아와서도 시간이 된다면 인문서나 평전을 읽고, 잠자리에 들기 전에는 종교나 명상 관련 책을 읽으면서 정신을 안정시킨다. 주말에는 장편소설을 읽거나 지금까지 접하지 못한 새로운 장르에 도전해본다. 이런 식으로 구분해두면 일상생활에도 맺고 끊음이 분명해진다.

자신의 기분 변화에 맞춰서 책을 준비해두는 방법도 있다. '피곤할 때는 이 책', '긴장될 때에는 이 책', '울적할 때는 이 책' 하는 식이다. 이런 라인업을 통해서 기분 상태도 어느 정도 제어할 수 있다.

예전에 '마도로스'라고 하면 남자들 사이에서 멋진 사내의 대명사로 통한 적이 있다. 가는 곳마다 연인이 있는 삶을 살고 싶다며 선망하는 분위기가 있었다. 하지만 어디까지나 낭만적인 이야기다. 그런데 독서에서만큼은 가는 곳마다 책이 있는 환경을 얼마든지 만들 수 있다.

특정 시간, 특정 장소에 가면 거기에 맞는 책이 기다린다. 이 또한 멋지고 행복하게 살아가는 방식이 될 수 있다. 가령 《카라마조프가의 형제들》을 일부러 출퇴근 시간에 읽어보는 것이다. 이런 습관 자체가 인생에 큰 도움이 될 것이다.

책 읽는 일상을 반복하다보면 정신이 건강해진다. 책을 읽는 행위는 집중력을 요하는 작업이다. 그것을 일상의 모든 시공간에 배치하면 정신의 지구력이 생긴다. 일상 업무에 대해서도 피곤함을 덜 느끼게 되는 것은 덤이다.

입문서부터
시작하기

입문서에는 모든 분야가 다 있다

발췌독을 하기에 가장 좋은 책이 있다. 바로 입문서다. 여기서 내가
말하는 입문서는 대학출판부 등에서 출간하는 '○○○입문'을 지칭하
는 게 아니다. 요즘 출판계에서는 그런 제목을 붙이지도 않는다. 비전
문가인 일반인들을 위해 쉽게 풀어 쓴 책을 통칭하는 용어로 이해하면
될 것이다. 문고판 같은 책이 거의 모든 분야를 다루고 있다. 그것도
내로라하는 전문가가 그 분야에 무지한 독자를 대상으로 쓴 입문서다.

양도 200페이지 내외로 많지 않다. 이런 얇은 입문서들은 빠르게 개요를 파악할 수 있는 좋은 텍스트가 될 수 있다.

거기에서 얻은 지식을 바탕으로 조금 더 깊은 내용을 담고 있는 단행본을 찾아 읽을 수도 있고, 다른 분야의 입문서로 관심을 돌릴 수도 있다. 책이 만들어가는 세상의 입구에 일단 들어서게 되면 그동안 보이지 않던 세상이 펼쳐진다.

예를 들어 무라야마 히토시의《왜, 우리가 우주에 존재하는가?》에서 다루고 있는 입자물리학(粒子物理學, Particle Physics)은 이론 자체만 놓고 보면 매우 어렵지만 저자가 최대한 이해하기 쉽게 잘 풀어서 설명하고 있다. 우주에 대한 호기심은 인간이라면 누구나 갖고 있게 마련인데, 그런 니즈에 딱 맞는 책이다. 이 책을 읽고 나면 다른 우주 관련 책으로 관심이 옮겨갈 것이다.

잠깐 여담을 하자면 입문서는 저자의 위치에서 볼 때도 혁명이라고 할 수 있다. 모름지기 어떤 학문의 전문가인 학자의 처지에서 보면 혼신의 힘을 다해 최고 수준의 책을 내는 게 그동안의 상식이었다. 야구에서 투수로 말하자면 직구는 시속 150킬로미터 이상, 변화구는 홈 베이스 위에서 원 바운드로 떨어질 만큼 변화가 심한 포크볼을 던져 타자를 꼼짝 못하게 해야 진정한 투수라고 할 수 있었다. 책의 구성도 논문과 다를 바 없어서 선행된 연구를 소개한 뒤 문제 제기를 하고, 자신의 연구 성과를 설명한 다음 결론을 제시하는 것이 전형적인 패턴이었다. 독자가 마지막까지 읽지 않고서는 그 책이 궁극적으로 말하고자 하는 바를 알 수 없었다.

대부분의 학자들은 그렇게 글을 썼다. 문제는 그런 글을 읽는 이들이 거의 없다는 데 있다. 책은 독자가 읽어야 비로소 의미가 있다. 그런데 너무 어려워서 아무도 읽으려 하지 않는다면, 전문 서적으로서의 가치는 높을지 몰라도 그 가치를 아는 사람들이 없다면 무슨 의미가 있겠는가? 출판도 비즈니스다. 팔리지 않는 책은 더 이상 만들어낼 수 없다. 팔리지 않는 책은 그대로 사장되는 것이다.

그런 점에서 문고판으로 대표되는 입문서는 발상부터가 다르다. 애초 기획 단계에서부터 철저히 폭넓은 독자층을 대상으로 본질에만 초점을 맞춰 정보량을 대폭 줄이고 어려운 이야기를 쉽게 풀어서 전달하는 것을 목표로 했다. 책의 구성도 서론에서 결론을 내고 본문을 통해 그 이유를 설명하거나 증명하는 형식이다. 결국 이런 유의 책이 지향하는 바는 이른바 특급 투수가 아니라 배팅볼 투수다. 타자가 마음 놓고 방망이를 휘두를 수 있도록 쉽게 공을 던져준다. 독자는 그 공을 받아 홈런을 쳐야 한다.

일주일 다섯 권에 도전하자

나는 대학생들에게 되도록 많은 양의 입문서를 읽으라고 권유한다. 특히 1학년은 입시 경쟁이 치열했던 고등학생 티를 아직 벗어나지 못해 제대로 된 독서 습관을 갖고 있지 못하다. 그렇기 때문에 우선 입문서부터 시작하는 것이 좋다.

무작정 읽으라고만 하는 게 아니라 일주일에 세 권에서 다섯 권이라는 목표를 부여한다. 수업 시간에 4인 1조로 각각 한 권에 1분씩, 세 권이라면 3분 동안 읽은 내용을 설명하게 한다. 이렇게 되면 대충 읽을 수도 없거니와 다른 학생들의 설명을 듣고 '나도 읽어봐야지' 하는 생각을 하게 된다. 서로 읽은 책이 공유되는 것이다.

그렇게 단시간에 대량으로 읽는 게 가능하냐고 반문할지 모르지만 입문서는 가능하다. 논문처럼 흐름을 따라가는 게 아니기 때문에 포인트만 골라 읽을 수 있다. 흥미 있는 부분만, 중요한 부분만 읽어도 된다.

오히려 문제는 앞에서 말한 것처럼 '처음부터 끝까지 읽지 않으면 안 된다'라는 강박관념을 갖는 것이다. 한 권의 책을 몇 시간에 걸쳐 통독하는 게 나쁘다는 것은 아니다. 이해하지 못한 채 통독만 하는 게 별 의미가 없다는 얘기다. 아무리 기억력이 뛰어난 사람이라도 기껏해야 20~30퍼센트 정도만 기억할 것이다.

그렇다면 핵심만을 이해하고 다음 책으로 넘어가는 편이 얻는 것이 더 크다. 머리말과 결론 부분을 읽고 차례를 훑어보면 책의 요지를 알 수 있다. 그런 다음 관심 있는 부분을 골라 읽으면 된다.

200페이지짜리 입문서라면 20퍼센트 정도 분량인 40페이지 정도를 집중해서 읽는다. 이렇게 하면 한 권에 30분에서 1시간이면 충분하다. 참치 뱃살이나 소고기 안심만 먹고 나머지는 버리는 것과 같다. 이런 짓(?)은 실제로는 지탄의 대상이지만 독서에서는 얼마든지 괜찮다. 부담 없이 그렇게 할 수 있을 만큼 많은 책이 쏟아져 나오는 환경에 감사하면서 꼭 시도해보기를 바란다.

이를 철저히 실행하기 위해 시간 제약을 두는 것도 좋은 방법이다.

세상에 읽지 못할 책은 없다

가령 지하철을 30분 동안 탄다고 하면, 그동안에 한 권을 읽자고 정하는 것이다. 아니면 누군가와 만날 때 약속 장소에 일부러 30분 먼저 도착해서 책을 읽어도 좋다. 시간 제약이 있으면 아무래도 읽는 방법을 고민할 수밖에 없다. 자신에게 가장 도움이 되는 부분부터 눈길을 주게 마련이다.

만약 집중해서 읽어도 개요를 알 수 없다면 책의 수준이 너무 높아서다. 기초 지식이 조금 더 필요하다는 뜻이다. 그렇다면 바로 그 책을 내려놓고 자신의 눈높이에 맞는 책을 찾으면 된다. 입문서들은 종류와 수량이 엄청나게 많기 때문에 자신의 니즈에 맞는 책을 반드시 발견할 수 있다.

밑줄과 메모로 더럽히며 읽는다

또 한 가지, 입문서를 읽을 때는 책을 철저히 더럽혀가며 읽으라고 하고 싶다. 이제 막 구입한 책이니 깨끗하니까 본능적으로 '이 깨끗함을 유지하고 싶다'는 기분은 충분히 이해한다. 그래도 더럽게 읽어야 한다. 읽었지만 기억이 안 나는 '하얀 저주'에 걸리지 않으려면 말이다.

의류나 장식품, 가전제품 등은 깨끗하게 사용하는 것이 좋다. 하지만 책은 다르다. 중요하다고 생각하는 부분에 밑줄을 긋거나, 동그라미를 치거나, 떠오르는 생각이 있다면 여백에 메모를 하는 것이 좋다.

나는 책을 읽을 때 꼭 3색 볼펜을 챙긴다. 중요한 용어에는 빨강 동그라미, 중요한 문장에는 파랑 밑줄, 메모는 검정으로 흔적을 남긴다. 특히 업무와 관련된 내용은 나중에 큰 도움이 된다. 나는 이런 독서법을 30년 이상 계속해서 습관이 됐다.

이 방법은 속독에서도 사용할 수 있다. 단순히 페이지만 넘기지 말고 눈에 띄는 문장에 줄을 긋고 중요한 단어에 동그라미를 치면 책의 내용이 쉽게 머리에 들어온다. 3색 볼펜 하나로 책에 자기 생각의 색깔을 입히는 것이다.

펜을 챙기지 못했거나 심심풀이 책을 읽을 때는 페이지 아랫단을 접는다. 중요하다고 생각되는 곳은 윗단을 접는다. 이렇게 책을 깨끗이 보존하려고만 하지 말고 더럽혀야 한다. 그런 식으로 자신이 지나온 생각의 길을 책에 새기는 것이다. 물론 이렇게 읽은 책은 헌책방에 팔 수 없다. 상품가치는 사라진다. 대신 오직 나만의 책이 됐다는 의미에서 가치는 몇 배가 된다.

책을 더럽게 읽으면 읽는 동안 흡수도가 높아진다. 내 생각을 적을 때 인상이 남기 때문에 장기 기억으로 남을 가능성도 커진다. 그리고 나중에 다시 읽을 때 포인트를 바로 알 수 있다. 적은 노력으로도 이 정도의 효과가 있기 때문에 꼭 해보기를 바란다. '하얀 저주'에 걸리지 않기를 기원한다.

입문서만으로도
그 분야를 섭렵할 수 있다

위와 같이 지도하면 그때까지 거의 책을 읽지 않았던 학생들도 짧은 시간에 독서가로 변신시킬 수 있다. 실제로 그랬다.

문고판 입문서 세 권을 주면서 "지금부터 1시간 이내에 읽고 요약하라"고 해도 어려움 없이 해낸다. 2인 1조로 각각 준비해온 책을 교환하게 하고 그 자리에서 30분간 읽은 뒤 내용을 요약하라고 하기도 한다. 어려워 보이는 과제도 의외로 간단하게 수행한다. 핵심을 파악하고 나면 나머지는 결국 응용에 불과하기 때문이다.

물론 독서는 한 권만 읽고 끝내는 것이 아니다. 한 권의 책을 계기로 종횡무진 새로운 책을 접하는 것이야말로 독서의 묘미다. 더욱이 입문서는 그런 마력을 갖고 있다.

예를 들어 앞에서 언급한《왜, 우리가 우주에 존재하는가?》를 읽고 난 뒤 우주에 대한 흥미가 생겼다고 해보자. 지적 호기심의 갈증을 해결하기 위해 관련 책을 찾다보면 미치오 카쿠의《평행우주》나 브라이언 그린의《우주의 구조》, 프랭크 클로우스의《보이드: 빅뱅 직전의 우주》, 스티븐 와인버그의《최초의 3분: 우주의 기원에 대한 현대적 견해》등 수많은 우주 관련 서들이 있다는 사실을 알게 될 것이다.

이런 책들을 대여섯 권 읽다보면 '우주 통'이 되어가는 자신을 발견하게 된다. 각각의 책마다 서로 다른 개성이 있지만 공통되는 내용도 적지 않다. 결국 그것이 우주와 관련된 표준적인 생각이다. 우주에 존재하는 은하가 1,000억 개 있다거나, 우주를 구성하는 물질의 70퍼센트는 암흑 에너지, 20퍼센트는 암흑 물질이라는 식이다. 이런 사실을 몰랐던 일반인이 들으면 놀랄 만한 이야기가 전문가들 사이에서는 상식으로 통한다. 그 차이가 독서를 더욱 즐겁게 만든다.

세상에 읽지 못할 책은 없다

한 권을 읽고 모르는 부분이 있었더라도 두 권, 세 권을 읽는 동안 윤곽을 잡게 되는 경우도 많다. 반대로 말하면 한 권 모두를 이해할 필요가 없다는 것이다. 오히려 찜찜한 기분을 가진 채 책을 읽게 되기 때문에 과제 의식이 명확해지고 이해도 빨라진다. 나는 이것을 '페인트 덧칠하기'라고 부르는데, 이것이 모든 학습의 기본이라고 생각한다.

하나의 키워드로 세계를 넓힌다

키워드를 정해서 읽어보는 것도 재미있다. 예를 들면 패트릭 맥거번의 《술의 세계사》를 읽고 술과 관련된 책을 찾아보는 것도 좋고, 가와기타 미노루의 《설탕의 세계사》, 이소부치 다케시의 《홍차의 세계사》, 사토 요우이치의 《쌀의 세계사》 등 'ㅇㅇ의 세계사'가 무척 많으니 관심 있는 키워드로 검색해 읽어보는 것도 좋다.

세상 모든 물건에는 각각 제 나름의 역사가 있고 인류와 깊은 관계가 있는 법이다. 가까이 있는 것들이라서 평상시에는 의식하는 경우가 거의 없지만 막상 이런 책을 읽어보면 '세계사'라고 할 수 있는 키워드가 얼마나 많은지 알게 된다. 학교에서 배운 왕조 중심의 세계사는 그야말로 일부에 불과하다는 사실도 깨닫게 된다. 이렇게 지적 호기심의 범위도 점점 더 넓어질 것이다.

저자의 지식을 저렴한 가격에 만날 수 있다는 것도 책이 가진 큰 장점이다. 뇌과학 분야에서는 이케가야 유지의 《단순한 뇌, 복잡한 나》를 적극 추천하고 싶다. 같은 저자의 《뇌는 왜 내 편이 아닌가》도 읽어볼 만하다.

입문서는 과학적으로 검증된 내용을 우리들이 흥미롭게 읽을 수 있도록 소개하는 데 핵심을 두고 있다. 일단 여기에서부터 읽기 시작해 좀 더 깊은 내용을 담은 단행본으로 나아가면 된다. 나는 지금도 내가 잘 모르는 분야의 입문서라고 할 수 있는 신간이 나오면 주저하지 않고 구입한다.

해당 분야의 권위 있는 전문가가 학술 이론이 아닌 일반인이 관심을 가질 수 있는 부분으로 주제를 한정해 쉽게 설명한다는 측면에서는 발효학의 권위자 고이즈미 다케오의 《발효식품 예찬》을 권한다. 우리가 먹고 있는 식품을 통해 미생물학까지 엿볼 수 있는 명작이다.

이처럼 다양한 분야에서 내로라하는 전문가들이 어려운 이야기를

세상에 읽지 못할 책은 없다

쉽게 풀어 쓴 책이 입문서다. 그동안 몰랐던 분야의 입구에 서고자 한 다면 입문서를 읽도록 하자. 각 분야 최고 권위자들의 지식 모험 안내 를 받는 것이니, 이런 호사가 어디 있겠는가.

시험공부 경험을
독서에 접목하기

교양의 문을 열어준 시험공부

시험공부라는 단어를 생각하면 좋은 기억이 떠오르는 사람은 별로 없을 것이다. 때로 '도대체 무엇을 위해 이 공부를 하는가' 같은 공허함을 느끼며 억지로 암기하기 위해 힘들어한 사람들이 많을 것이다. 내가 생각하기엔 어느 과목의 시험공부도 낭비가 아니다. 또 학생만이 아니라 시험공부를 한 경험이 있는 모든 어른들도 학창시절의 지식이 분명히 도움이 된다. 입시를 위해 억지로 한 시험공부가 쌓여서 사회를 살아가는 데 필요한 지식으로 남아 훌륭한 무기가 된다.

예를 들어 학교에서 영어교육을 받았다고 해서 외국인과 유창하게 대화를 하거나 〈타임〉이나 〈뉴욕타임스〉를 술술 읽기는 어렵지만 다소나마 읽거나 말할 수 있는 것은 학교에서 영어를 공부했기 때문이다. 영어가 꼭 필요한 직업이 아니라도 사회생활에서 기본적인 영어 능력은 필요하다. 국어도 마찬가지다. 현대문학, 문법 등의 공부를 한 덕분에 신문이나 인터넷의 기사를 무리 없이 읽고 이해할 수 있다. 그런 능력이 자연스럽게 몸에 배어 있기 때문에 오히려 그 고마움을 알지 못하는 것이 아닐까.

실용적인 학문만이 아니다. 무엇보다도 다양한 분야의 교양지식의 기초를 몸에 익혔다는 것 자체가 커다란 자산이 되어준다.

인류 문명에 관한 책이 좋은 반응을 얻고 있다. 대표적으로 재레드 다이아몬드의 《총균쇠》가 엄청난 베스트셀러가 됐다. 윌리엄 맥닐의 《세계의 역사》나 최근 큰 화제를 불러일으킨 유발 하라리의 《사피엔스》도 많은 사람들에게 사랑을 받고 있다.

마냥 쉬운 내용도 아닌데다 두껍기까지 한데도 이런 유의 책을 읽고 싶어 하는 사람이 많아지고 있는 것이다. 매우 바람직한 현상이라고 생각한다.

그렇다면 이 열풍의 원천은 어디라고 볼 수 있을까? 학창 시절 세계사의 기초적인 부분을 배워서 알고 있기 때문이 아닐까? 세계사의 '세(世)'자도 모르는 사람이 갑자기 난해한 관련 서적을 손에 잡는다는 것은 쉽지 않은 일이다. 다소나마 학창 시절에 배우고 익힌 기억이 있기 때문에 흥미를 갖게 된 것이다. 이것이 바로 '교양'의 힘이다.

다른 말로 하자면, 지금의 어른들은 시험과목으로서의 세계사를 공부한 덕에 한평생 질리지 않고 책을 볼 기회를 얻었다고 할 수 있다. 이에 대해 좀 더 감사한 마음을 가질 필요가 있다.

세계사에서 인간관을 배운다

물론 앞에서 언급한 세계사 관련 책은 교과서보다는 재미있다. 각각의 저자가 자신의 관점에서 역사를 조명하고 설명하기 때문이다. 거기서 얻어진 역사관은 결국 '인간을 어떻게 바라볼 것인가'의 문제로 이어진다. 살고 있는 지역이나 시대가 다른 저자의 이야기지만 같은 인간으

세상에 읽지 못할 책은 없다

로서 공감하고 감동하는 것이다. 그것이 역사를 알아가는 재미다.

내가 대학 입시를 위해 재수할 때 요한 하위징하의 《호모 루덴스》를 읽고 크게 영향을 받았다. 호모 루덴스란 '유희의 인간'이라는 의미로, 역사가인 저자가 동서고금의 '놀이'를 소개하면서 인류의 문화를 놀이적 관점에서 고찰한 책이다. 문화론만이 아니라 인간관이나 세계관으로까지 넓혀간 걸작이다. '놀기 때문에 인간'이라는 저자의 관점은 당시 재수를 하던 내게 이성적 충격이었고, 계몽된다는 것이 무엇인지 깨닫는 경험이 되었다.

실제로 이 책의 영향력은 나중에 내가 교단에 섰을 때 발휘되었다. 수업 자체가 놀이 또는 축제가 돼야 한다는 신념하에 그것을 계속 실천한 것이다.

나는 평범한 방식으로 강의하지 않는다. 느닷없이 과제를 내거나, 그 결과를 전원을 대상으로 평가하여 1등을 정하는 식의 긴장감 넘치는 수업을 늘 염두에 둔다. 그 덕분에 학생들은 집중하게 되고, 영웅이 되기도 하고, 생각지도 못했던 자신의 재능을 발견하기도 한다. 그런 '놀이'를 통해 성장해간다고 생각한다.

마찬가지로 재수를 할 때 인드로 몬타넬리의 《벌거벗은 로마사》도 읽었다. 당시 로마인이 어떻게 생활했고 무엇을 생각하고 있었는지에 대해 사실적으로 묘사한 책이다. 이 책에 언급돼 있는 이야기들은 교과서엔 없는 내용이다. 그래서 더욱더 생생하게 느껴진다. '세계는 넓은 듯 좁다'거나 '세계사는 재미있다'고 생각하게 되는 것이다.

학창 시절 배웠던 세계사를 조금이라도 기억하고 있다면 그 '교양'을 잘 활용해서 우선 세계사 관련 분야 독서부터 시작해보자.

각 과목의 참고서도 재미있다

시험공부로 얻어진 교양은 세계사만이 아니다. 화학이나 물리학, 생물학의 기초를 배운 덕에 읽을 수 있는 책의 범위가 훨씬 넓어진다.

예를 들면 데이비드 보더니스의 《E=mc²: 세상에서 가장 유명한 방정식의 일생》이라는 책이 있다. 아인슈타인이 발견한 이 양자역학 방정식이 어떻게 탄생했고, 그 후 세계에 어떤 영향을 미쳤는가를 상세하게 다룬 대단히 질 높은 논픽션이다. 고등학교 물리 정도의 예비지식이 있다면 술술 무리 없이 읽을 수 있다. 그렇지만 약간의 예비지식

세상에 읽지 못할 책은 없다

이 없다면 이런 책에 흥미를 갖기는 어려울 것이다.

그런데 교육제도의 변화에 따라서 이들 과목은 선택제로 되어 있는 경우가 있다. 그 때문에 물리를 전혀 배우지 않고 고등학교를 졸업하는 학생들이 굉장히 많다. 당사자들은 '귀찮고 어려운 물리를 공부하지 않고 끝냈다'는 생각을 할지 모르지만 그것이 정말로 그들에게 득이 될까. 오히려 새로운 지식을 얻을 기회를 잃고, 가능성의 싹을 잘라버린 것이 아닐까.

내가 고등학생 시절에는 문과라 하더라도 물리, 화학, 생물, 지구과학을 배우는 것이 당연했다. 또 이과에서도 국사, 세계사, 정치경제, 윤리, 사회, 지리의 과목을 거의 빠짐없이 공부했다.

이렇게 두루 공부해서 그 결과 잘하지 못하는 과목이 있을망정 '약간은 알고 있다'고 할 수 있었다. 대부분 잊어버렸어도 관련된 이야기를 들으면 조금은 기억나기도 한다. 이렇게 축적된 지식이 그 사람의 인생을 풍요롭게 한다.

'고등학교 시절의 공부는 완전히 다 까먹었다'면 약간 복습을 하면 될 것이다. 우선은 '각 과목의 참고서를 사 모을 것'을 권한다. 성인이 생각하기에는 저렴한 가격에도 필요한 정보가 알차게 들어 있다.

모든 과목에는 참고서가 있다. 고등학생 시절에는 어렵게 느꼈을지 몰라도 지금 와서 다시 보면 이해가기 쉽게 잘 정리된 것을 알 수 있을 것이다. 교과서와 달리 단편 정보를 집적한 책이기에 가볍게 넘겨보는 것만으로도 재미가 있다. 나이가 든 지금에서야 '이런 내용이었구나' 하면서 놀라는 경우도 적지 않다. 이렇게 접근하는 방법은 장롱면허를 가진 사람이 운전대를 잡는 것과 같아서 매우 흥미롭고 흡수도 빠르다.

세상에 읽지 못할 책은 없다

방법 4

'보는' 독서로 쉽게 읽기

그림으로 설명해주는 책을 보자

흔히 책이라고 하면 '글자를 읽는다'고만 생각한다. 그러나 글자로 쓰인 책만 있는 것은 아니다. 활자를 따라 읽는 것이 버거운 경우라면 도해본의 도움을 받는 것도 좋다.

도해본은 세상의 모든 사상을 이해하기 쉬운 그림을 덧붙여 설명하는 책이다. 양이 많고 난해한 정보를 잘 정리해서 양면에 큰 그림과 함께 알기 쉽게 설명하는 형식이다.

예를 들면 지오프리 파커의《아틀라스 세계사》나 제리 브로턴의《욕망하는 지도》등은 사진과 지도가 풍부해 전체상을 파악하는 데 큰 도움이 된다. 역사뿐 아니라 다른 학문을 공부할 때도 도해가 들어 있는 책이 큰 도움이 된다. 내가 도쿄대학교 교양학부에서 심리학 수업을 받을 때 교재만으로는 이해하는 게 쉽지 않았다. 이해했다고 하더라도 다른 사람에게 설명하는 것은 좀처럼 쉬운 일이 아니었다. 그때《도해 심리학》을 접하게 됐는데, 문체도 읽기 쉽고 그림도 많아서 내용을 이해하는 데 어려움이 없었다.

만약 어떤 분야에 흥미가 생겼다면 우선 그 분야를 다룬 도해 시리즈가 있는지 확인해보는 게 좋다. 활자 읽기가 귀찮은 사람들에게는 입문서로 최적일 것이다.

현대사회의 문제를 이해하는 데도 도해본은 도움이 된다. 가령 굳이 전문 연구서를 읽지 않더라도 프랜시스 로빈슨의《사진과 그림으로 보는 케임브리지 이슬람사》를 읽으면 이슬람 문화에 대한 전반적인 지식을 얻을 수 있다. 확실히 그림이 들어가 있으면 내용을 이해하는 게 수월해진다.

도해본은 거의 전 분야에서 찾을 수 있다. 기독교 역사를 다룬 마이

클 콜린스의 《사진과 그림으로 보는 기독교역사》나 나츠메출판사가 엮고 호사카 순지가 감수한 《사상최강 도해 불교입문》 같은 책도 있다.

도해의 장점이 십분 발휘되는 분야로 과학을 빼놓을 수 없다. 다케우치 가오루의 《한 권으로 충분한 양자론》과 사토 가츠히코의 《상대성 이론의 아름다움》 등 많은 책들이 나와 있다. 특히 일반인들이 우주론이나 물리법칙 등의 입문서로 도해본을 본다면 많은 도움이 될 것이다. 도해본은 지식이 전무한 상태에서도 어느 정도 이해할 수 있도록 기초를 다지면서 너무 깊게는 들어가지 않는다는 기획의도에 충실한 책이다. 개념을 이해하기 쉽도록 그림과 함께 설명이 곁들여지는 식이다. 어떤 분야든 그림으로 표현할 수 없는 주제는 없다는 생각마저 든다.

두고두고 보는 도감과 사진집

'도해'와 비슷한 책으로 '도감'이 있다. 동물이나 곤충, 우주 등 다양한 분야의 도감이 많이 나와 있다. 어린 시절에 본 도감은 '교재'라는 이미지가 강해 재미있다는 기억은 없을지 모르지만, 공부의 압박에서 벗어난 상태에서 보는 도감은 오락이며 휴식이 되기도 한다.

그 즐거움을 모르는 것은 안타까운 일이다. 예를 들어 NHK의 '다윈이 왔다!'와 같은 프로그램을 보고 동물이나 곤충에 흥미가 생겼다면 도감을 찾아보는 것도 자연스러운 흐름일 것이다. 거기에 쓰인 생태에 관한 해설을 읽어보면 놀랍고 감동적이기까지 하다. 아이들의 호기심을 자극하기도 하지만 어른들도 충분히 즐길 수 있다. 도감을 보는 것이 바로 업무에 도움이 된다고는 할 수 없지만 지적 자극을 주는 것은 뇌의 활성화에도 좋다.

도감과 마찬가지로 '사진집'도 보고 있으면 마음이 차분해진다. 이마모리 미쓰히코의 《공충일기》를 처음 접했을 때 압도당하는 느낌이었다. 특별히 곤충에 흥미가 있는 것도 아니었지만 '이 순간을 촬영하기 위해 얼마나 많은 고생을 했을까' 하는 생각이 들면서 나도 모르게 숙연해졌다. 평상시에 볼 수 없었던 장면을 보게 되는 순간이 삶 속에서 가끔은 필요하지 않을까?

또한 풍경이나 동물, 미술 등에 관한 사진집도 많이 있다. 몇 권을 묶어서 판매하는 전집도 있다. 확실히 도감보다는 예술적이지만 그렇다고 어렵게만 생각할 것도 없다. 자신의 감정과 대화한다는 생각으로

서점에서 몇 권을 '서서 보는' 것도 좋을 것이다.

도감이든, 사진집이든 마음에 드는 책이 있다면 일단 구입한 뒤 두고두고 보기를 추천한다. 문고나 입문서에 비해 가격은 비싸지만 모처럼 만의 만남을 그냥 흘려보낼 수는 없지 않은가. '언제든지 볼 수 있는' 상태가 중요한 것이다. 게다가 대형 판형의 도감이나 사진집이 서재에 있으면 사회적 지위감이 훨씬 높아진다. 누군가에게 자랑하자는 것은 아니지만 그런 서재가 있는 것만으로도 기분은 어느 정도 좋아지기 마련이다.

우선 그림에 대한 지식부터 쌓고보자는 의도라면 나카노 교코의 《무서운 그림》 시리즈가 재미있을 것이다. 한 장의 그림에 깃들어 있는 의미나 이야기를 알아감으로써 교양의 깊이를 더할 수 있다. 반드시 '기회가 된다면 실물을 보러 가고 싶다'고 느끼게 될 것이다.

또는 미술사가 다카시나 슈지의 《명화를 보는 눈》과 《최초의 현대화가들》도 매우 뛰어난 책이다. 이런 책을 계기로 역사를 좋아하는 사람은 그림에 관심을 갖게 되고, 그림을 좋아하는 사람은 역사에 눈뜨게 된다. 그런 책을 '문명의 십자로'와 같다고 생각한다. 초십자들에게는 야마다 고로의 《아는 만큼 보이는 그림 공부》를 권하고 싶다.

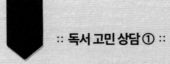

독서량을 확 늘리고 싶어요

Q: 기본 지식이 너무 없어서 책을 읽는 데 다른 사람의 두 배 이상
시간이 걸립니다. 주위 사람들의 독서량을 따라 가고 싶은데 매
일 격차가 벌어져 초초함을 느낍니다. 어떻게 하면 효율적으로
독서를 하고, 제 것으로 만들 수 있을까요? (23세, 남성, 회사원)

A: 도대체 '효율이 좋은 독서'란 무엇일까요? 일반적으로는 '책을
빨리 읽는 것'이라고 생각할지도 모르겠습니다. 그것이라면 방
법은 간단합니다. 제1장에서 언급한 바와 같이 의도적으로 시간
이 없는 상황을 만들면 됩니다. 책을 사면 카페에 들어가 '30분
안에 다 읽겠다'고 정해놓고 스마트폰의 스톱워치 기능을 누르
세요. 그러면 필요한 것만 읽게 될 것입니다. 이른바 '속독' 기술
은 필요 없습니다. '선택과 집중'의 문제입니다.

다만 당연한 말을 추가하자면, 시간 안에 읽었다고 해서 그것이
'효율적인가'는 별개입니다. 진정한 효율이란 '독서로 얻은 지식

을 몸에 익혀 자신의 것으로 활용할 수 있다'는 것을 의미하기 때문입니다. 어렴풋이 알고 있다고 해도 카페를 나온 순간 모두 잊어버린다면 비록 30분이라고 해도 시간 낭비라고 말할 수 있습니다.

예를 들어 학교에서는 각 과목 교과서를 1년에 걸쳐 천천히 배워갑니다. 시간적으로는 비효율적이라 할 수 있습니다. 그러나 그만큼 쌓이는 지식량은 늘어나게 마련입니다. 물리 교과서라면 기초적인 개념을 이해함으로써 세상의 다양한 물리 현상을 해석할 수 있게 되는 것입니다.

또는 그 지식이 자신의 사고나 행동에도 영향을 미칠지도 모릅니다. 예를 들어, 뉴턴에 의한 '운동의 제2법칙'을 염두에 두고 있다고 칩시다. 잘 알려진 바와같이 같이 이것은 'F=ma(힘=질량×가속도)'입니다. 이것이 물리만이 아니라 삼라만상의 진리라고 해석하면 '연애'의 법칙으로도 적용 가능합니다. 상대가 인기가 있다면 질량이 크다고 생각합니다. 그런 무거운 것의 감정을 움직이게 하는 가속도를 생각해보면 보다 큰 힘이 필요하게 됩니다. 특히 움직이기 시작할 무렵(처음 사귈 무렵)에는 노력이 필요합니다. 그런 깨달음으로 액션을 취한다면 결과가 어찌 되든 적어도 '운동의 제2법칙'은 몸에 배었다고 할 수 있겠지요.

수백 년 전 공자의 제자들은 수년간 공자와 더불어 생활을 하면서 그가 한 말들을 적어 소중하게 여겼습니다. 그것을 집대성한 것이 《논어》입니다. '귀중한 가르침을 흘려보내서는 안 된다'는 제자들의 자세가 없었다면 우리들은 공자의 말을 알 도리가 없었을 것입니다.

그런 제자들에게 경의를 보여야 한다는 것은 아니지만 저도 과거에 《논어》를 1년에 걸쳐 천천히 정독하고, 현대 언어로 번역하여 출판하기도 했습니다. 하나하나의 말씀을 음미해가면 완전히 새로운 발견이 가능합니다. 천천히 곱씹으면서 읽는 독서에는 이런 장점이 있습니다. 그러므로 독서의 속도가 늦다고 걱정할 필요는 없습니다. 천천히 읽어도 됩니다. 독서로 얻은 지식을 몸에 익히고, 자신의 것으로 활용할 수 있어야 비로소 독서의 가치를 체감하는 겁니다. '효율'을 생각하는 것도 좋지만 분모와 분자 양쪽을 다 고려해보시기 바랍니다.

세상에 읽지 못할 책은 없다

:: **독서 고민 상담 ②** ::

바쁜데 언제 독서하는 게 좋을까요

Q: 출퇴근 전철 안은 너무 붐비고, 집에서는 가사와 육아를 도와야 해서 책을 읽을 시간이 없습니다. 바쁜 사회인들은 언제 독서를 해야 할까요? (38세, 남성, 회사원)

A: 사회인은 누구나 바쁩니다. 업무와 가사, 육아 등으로 매일 쫓기 며 삽니다. 책을 읽고 싶다는 생각이 있어도 시간을 내기가 쉽지 않은 것이 사실입니다.

독서 시간을 확보하기 위해서는 아무래도 출퇴근시간을 활용하 는 것이 가장 좋겠지요. 몸을 전혀 움직일 수 없을 정도로 혼잡 하다면 방법이 없겠지만 팔을 앞 쪽으로 뺄 수 있을 정도의 여유 가 있다면 책을 읽을 수 있습니다.

다만 아무래도 두꺼운 단행본은 부담이 될 것입니다. 팔 운동을 겸하겠다는 별도의 목적이 있는 것이 아니라면 말이죠. 그렇다 면 어떤 책을 읽어야 할까요? 네 가지 노하우를 알려드립니다.

첫째, 얇고 가벼운 문고 혹은 입문서를 선택하십시오. 주머니에 넣어두었다가 읽고 싶을 때에 바로 꺼낼 수 있고, 환승 전이나 하차하기 전에 집어넣기도 쉽습니다. 오른손으로 손잡이를 잡고 왼손으로 문고판 책을 드는 스타일이라면 자신에게 부담이 되거나 주변에 피해를 주는 일도 없습니다.

또는 이런 때야말로 '킨들'이나 '코보'와 같은 전자책 리더기나 스마트폰의 전자책 앱을 활용할 수 있는 기회일 수 있습니다. 혹시 소지하고 계시다면 복잡한 전철 안에서 사용하시면 좋습니다. 이럴 때 이것을 안 쓰면 도대체 언제 이것을 쓰겠습니까.

둘째, 장르 측면에서 볼 때 단어 하나하나를 곱씹어 읽어야 하는 깊은 책도 좋습니다. 얼핏 통근시간에는 그 반대가 아닐까 싶습니다만 여기에는 이유가 있습니다. 가볍게 읽을 수 있는 소설이라면 다음 페이지를 넘기는 작업이 필요합니다. 일일이 양손을 이용하는 것은 어렵고, 한 손만으로 넘기려면 상당한 노하우가 필요합니다. 혹시 떨어뜨리기라도 한다면 그야말로 귀찮은 상황이 됩니다. 그 점에서는 예를 들어 《논어》나 《노자》, 마키아벨리의 《군주론》, 니체의 《짜라투스투라는 이렇게 말했다》와 같이 내용이 깊은 책을 선택하면 펼친 페이지만으로도 승부를 볼 수 있습니다. 경우에 따라서는 본문을 암기하기 위해 일단 책을 덮고 자기 나름의 곱씹어 읽기를 할 수도 있습니다.

셋째, 일단 책을 나누어 찢는 것입니다. 비교적 두꺼운 문고나 단행본을 읽고 싶을 때에 권하는 방법입니다. 특히 제가 학생들에게 권하는 것은 영어원서를 찢어서 보는 것입니다. 영어원서는 두껍고 무거운 책이 많고, 혼잡한 전철 안에서는 사전을 찾아볼 수 없기 때문에 어학실력을 키우는 데도 좋은 환경입니다. 아무리 통근시간이 길어도 읽을 수 있는 분량은 겨우 20페이지 정도겠지요. 그렇다면 그만큼 책을 찢으면 됩니다. 종이로는 10장 정도니까 신문이나 잡지보다도 부담이 없습니다. 학생들에게는 책을 찢는다는 것이 아무래도 저항감이 있는 것 같아서 아직 '실천해 보았다'는 이야기를 들어본 적이 없긴 합니다.

넷째, 오디오북을 듣는 것입니다. 국내외의 유명 작품은 이미 CD북이나 MP3 파일로 제작돼 판매하고 있습니다. 일류 성우나 배우가 낭독한 것이 많아 품질이 훌륭합니다.

스마트폰 등으로도 얼마든지 들을 수 있습니다. 음악을 듣는다는 감각으로 책을 듣는 것입니다. 사람에 따라 흔들리는 차 안에서 활자를 쫓는 것보다는 더 집중해서 흡수할 수 있습니다.

제2장

장편소설을
끝까지 읽는 방법

고민

:
:

'저걸 언제 다 읽지?'

'도대체 몇 권짜리야!'

'아, 집어 던지고 싶다.'

분량이 적은 건 괜찮지만 두꺼운 책이나 여러 권으로 된 책은
힘겨워하는 사람들.

등장인물이 많은
장편소설의 독서법

연속극을 보는 것처럼

장편소설은 '반드시 읽어야 한다'는 것은 아니지만, 책을 구하기 쉬운 요즘 같은 시대에 살면서 시간이 오래 걸린다고 해서 장편소설을 읽지 않는다는 것은 아깝다. 세계적으로 '불후의 명작'으로 인정받는 장편소설은 한번은 읽어보길 권한다. 그런 마음에 나는 대학교 강의에서 종종 장편소설을 과제로 내기도 한다. 그러나 문학부 학생들조차도 도중에 포기하는 경우가 있다.

무엇이 문제일까? 사실 장편소설을 끝까지 읽는 데는 몇 가지 요령이 필요하다. 그 요령을 익히고 나면 '장편소설을 읽는 게 힘들다'는 생각은 사라질 것이다.

우선 중요한 것은 장편소설에 대한 '공포심'을 없앨 것. '이건 무리가 아닐까'라고 생각한 순간 정말로 읽을 수 없게 된다. "지금부터 42킬로미터를 달려라"는 말을 들으면 대부분의 사람들은 '절대로 불가능'이라고 생각해서 한 발자국도 나아가지 못할 것이다. 사실 독서에 그 정도의 기합을 넣을 필요는 없다. 좀 더 가볍게 생각하는 편이 더 낫다.

예를 들어, 대하드라마는 1년간 계속된다. 아침방송인 연속극은 반년간 주말을 제외하고 매일 방송된다. 제대로 보려고 마음먹는다면 상당히 오랜 시간이 걸린다.

그러나 드라마를 보면서 방영되는 기간이 너무 길어서 엄두가 안 난다고 심각하게 따지는 사람은 없다. 우연히 보기 시작해서 어느 사이엔가 습관이 되는 경우가 대부분일 것이다. 재미없다고 생각되면 중간에 그만 보면 그뿐이다. 적어도 계속 시청하는 문제로 고통을 느끼는 경우는 없다.

장편소설도 마찬가지다. 처음에는 '일단 읽어보자'는 정도의 생각으로 충분하다. 이야기의 세계에 빠져들면 오히려 매일 보는 것이 즐거움이 된다. 분량이 많아도 문제가 되지 않을 것이다.

줄거리를 따라 '띄어 읽기'

대문호들의 장편소설은 세세한 정황묘사나 심리묘사가 작품의 묘미를 더해준다. 그 심오함이야말로 오랜 세월 읽히고 있는 이유라고 해도 과언이 아닐 것이다.

그러나 그것은 다른 말로 하면 '장황하다', '답답하다', '스토리 전개가 너무 느리다'는 '약점'이 되기도 하다. 현대의 스피드 사회에서는 그런 점이 장편소설을 읽으려고 시도했던 사람들에게 좌절을 안기는 원인이 된다.

장편소설을 완독하기 위해서는 상당한 인내력이 필요할 것이라고 생각하기 쉬운데 반드시 그렇지도 않다. 쉽게 읽어낼 수 있는 방법이 있다. 그것은 말하자면 '시나리오 독법'으로 인용부호가 달린 대화 부분만을 뽑아서 읽는 것이다.

일상적인 대화에서 어려운 말투를 사용하는 사람은 그다지 많지 않다. 소설도 마찬가지다. 대화 부분은 비교적 쉬운 표현으로 되어 있다. 독자 입장에서는 읽기 쉽다. 게다가 등장인물들의 인간관계도 알 수 있다. 그들의 대화에 상하관계, 좋음과 싫음, 희로애락이 드러나기 때문이다. 마치 우리들의 일상과 마찬가지다.

경우에 따라서는 그 대화 부분조차 넘겨도 되는 때가 있다. 예를 들어, 톨스토이의 《부활》에서는 러시아의 토지제도에 관한 논의가 계속해서 이어지는 장면이 있다. 솔직히 그 화제에 관심 있는 사람이 많지는 않을 것이다. 무리하게 다 읽지 않아도 좋다. 책을 읽다가 여담으로 판단되는 부분은 그대로 넘어가면 된다. 비극의 주인공 카튜사의 말에만 귀를 기울여도 된다는 얘기다.

또 도스토예프스키의 《카라마조프가의 형제들》의 경우 본 줄거리와는 그다지 관계가 없는 독립적인 에피소드가 중간에 몇 번이나 등장한다. 그 하나하나도 매우 재미있기는 하지만 '일단 끝까지 가보자'는 것이 목적이라면 아무래도 먼 길을 돌아가는 듯한 생각이 들기 마련이다. 그런 부분도 과감하게 넘어간다. 3~4페이지 정도 뛰어넘고 원래 스토리로 나아가는 것도 하나의 방법이다.

넘어간 부분은 상상력으로 채워진다

그렇게 넘어가다 보면 '줄거리를 제대로 파악할 수 있을까' 하는 의문이 드는 사람도 있을지 모른다. 결론부터 말하자면 그런 걱정은 하지 않아도 된다. 이러한 띄어 읽기는 어찌 보면 영화를 보는 것과 비슷하기 때문이다.

원래 영화는 어떤 시간의 흐름을 2시간 정도에 응축해서 보여주는 것이다. 그 길이는 주인공의 일생을 다루는 것일 수도 있고, 사건이 해결되기까지의 수년, 또는 남녀가 만나 헤어지기까지의 수개월에 달하는 경우도 있다. 어느 것이든 그 시간의 편린을 잘라 붙여서 영상화하고, 이어붙여서 스토리를 완성하는 것이다.

우리는 영화를 보면서 줄거리를 놓치는 경우는 별로 없다. 때때로 혼란스러운 영화가 있기는 하지만 한 장면에서 다음 장면으로 넘어갈 때 묘사되지 않은 시간을 머릿속에서 반사적으로 상상하기 때문이다. 다른 말로 하면, 이른바 '스토리 상상력'을 이미 갖추고 있기 때문이다.

독서에서도 이 능력을 사용할 수 있다. 대화 부분만, 게다가 띄어 읽기를 했다고 해도 그 사이에 쓰인 것을 어느 정도는 추측할 수 있다.

때로는 넘어간 사이에 이야기가 급전개되어 '이 두 사람이 언제 이런 관계가 되었지?'라는 생각이 들 때도 있다. 그때는 앞 페이지로 넘어가서 사실 관계만 확인하면 된다. 그 정도의 시간이 더 걸릴 뿐이다.

이 작업을 반복하다보면 '스토리 상상력'이 상당히 단련된다. 넘어간 부분을 추측하는 능력과 더불어 어느 정도 넘어가도 좋을지를 감각적으로 알 수 있게 된다. 당연히 읽는 속도도 빨라진다. 그 속도감을 얻게 되면 장편소설에 대한 '먹어보지도 않고 싫어하기'도 해소된다.

장편소설은 '읽을 수 없다'에서 '읽었다'로 바뀔 것이다.

그 책이 무엇이든 그 차이는 매우 크다.

'미스터리'에서부터 시작하자

세상에서 '예술적'이라고 불리는 것은 일반인을 위한 것이 아니다. 문예작품도 예외가 아니라서 정독하지 않으면 이해가 안 되는 것도 많이 있다. 보통 사람이 아무런 준비도 없이 '예술적' 작품을 읽는 것은 상당히 힘든 일이다.

어느 정도 익숙해지기 전에는 스토리 전개가 확실한 것을 선택하는 것이 좋다. 소설을 읽는 우리의 뇌는 사건이나 만남 같은 흥미진진한 일을 기대하기 마련이다. 그리고 그것이 알기 쉬운 형태로 찾아오면 이야기의 세계로 빠져드는 것이다.

그 전형이 바로 미스터리다. '범인은 누구인가'라는 흥밋거리로 독자를 조금씩 끌어당긴다는 점에서 대단히 흡인력이 있는 소설 장르라고 할 수 있다. 장편을 읽기 시작하는 데 좋은 트레이닝이 된다.

일반적으로 미스터리라고 하면 문학작품과는 격을 달리하는 '오락 작품'이라고 생각하기 쉽다. 나는 그 생각에 동의할 수 없다. 일부러 그렇게 나눌 필요가 없고, 실제로 작품성이 높은 작품도 적지 않기 때문이다.

예를 들어 '프로스트' 시리즈로 불리는 윙필드(R. D. Wingfield)의 미스터리 작품군이 있다. 오락성이 높은 것은 사실이지만 개성이 풍부한 등장인물들의 활약상이 어느 의미에서는 '예술적'이라고도 할 수 있다. 한 권 한 권이 두꺼운 책이지만 쉽게 읽히기 때문에 두께감이 느껴지지 않는다.

생각해보면 도스토예프스키의 《죄와 벌》도 다분히 미스터리적 요소를 갖추고 있다. 살인을 저지른 주인공 라스콜리니코프는 판사인 포르필리에게 추궁을 당하자 견디지 못하고 여주인공 소냐에게 죄를 고백하고, 자수하게 된다. 사건을 둘러싼 긴박감이 이 작품의 묘미다.

도스토예프스키는 미스터리적인 요소를 가미해 작품의 추진력으로 활용한 것이다. 그러면 《죄와 벌》이 문학적이지 않은가? 그렇진 않다. 오히려 최고의 문학작품으로 인정받고 있다.

또 《카라마조프가의 형제들》에서도 '부친 살해'가 전편을 가로지르는 큰 기둥이 된다. 범인은 장남인 드미트리인가, 차남인 이반인가, 아니면 스메르자코프인가라는 궁금증으로 작품을 이끌어간다. 추리소설처럼 독자의 흥미를 견인하면서 인생을 살아가는 데 필요한 커다란 질문들을 하나하나 던진다. 그런 정교한 구성이 있기 때문에 오늘날에도 불후의 명작으로 읽히는 것이다.

처음부터 도스토예프스키를 읽는 것은 뛰어넘기 힘든 장애물이 앞에 있는 것 같은 느낌이 들지도 모르지만 어쨌든 미스터리 형식의 소설은 장편이라도 비교적 읽기 쉽다. 그런 책을 골라서 읽어보면, 비록 수백 페이지에 달하는 책이라도 어느 순간 마지막 장을 넘기고 있는 자신을 발견하게 될 것이다.

나에게만 어려운 것은 아니다

고전 장편소설 가운데는 난해하다고밖에는 이야기할 수 없는 작품도 있다. 대표적인 작품이 가르시아 마르케스의 《백년 동안의 고독》이다. 노벨문학상 수상자의 작품으로 20세기를 대표하는 걸작 중 하나인데 길이가 길고 어렵기까지 하다. 독자가 혼란스러운 것은 어쩔 수 없다.

그도 그럴 것이, 이 작품은 원래 혼란을 주는 것을 목적으로 쓴 것이다. 복수의 인물이 같은 이름으로 등장하거나, 현실과 공상의 세계를 왔다 갔다 하거나, 돌고 돌아 제자리로 돌아오는 등 쉽게 이해하기가 불가능한 구조다.

그러나 그것이야말로 이 작품이 가진 맛이며 깊이다. '의미를 알 수 없다'면 빨리 책을 덮어버리는 것도 좋지만 틈을 보아 다시 펼쳐 보기를 권한다. 말하자면 서가에서 '숙성'시키는 것이다.

왜냐하면 반드시 '의미를 알 수 없다 = 재미없다'는 것이 아니기 때문이다. 혼란 자체를 받아들이는 것도 책 읽기의 한 스타일이다. '무슨 말을 하는지 모르겠다'고 판단하는 것은 간단하지만, 무엇을 말하고자 하는가를 언어로 정확하게 표현하는 소설이 반드시 재미있는가 하면 그렇지만은 않다.

대개 소설은 다양한 해석이 가능하기 때문에 재미가 있다. 그래서 작품은 하나인데 해설서나 평론은 여러 가지다. 하스미 시게히코의 《마담 보바리론》은 원전인 《마담 보바리》보다 더 두꺼울 정도다. 또한 예나 지금이나 대학 문학부 졸업논문 주제로 나츠메 소세키를 자주 다룬다. 이것도 다양한 해석이 가능하다는 증거일 것이다.

소설을 읽는 데 익숙해지면 '이해하기 어려운 것도 독서하는 맛'이라거나 '이해 못하는 것은 분명 나만이 아니다'는 것을 알 수 있게 된다. 적어도 시도도 해보지 않고 포기하는 것은 아까운 일이다. 힘을 길러 다시 도전해보기를 바란다.

인물 관계도를 그려보자

장편소설의 장점이자 단점은 등장인물이 많다는 것이다. 다양한 인물들이 등장하여 갖가지 소동을 일으키고, 각각에 대해 고민하거나,

화내고 슬퍼하는 모습에 독자는 시대와 국경을 넘어 같은 인간으로서 공감한다.

러시아 철학자 미하일 바흐친은 저서 《도스토예프스키 시학의 문제들》에서 "도스토예프스키의 소설은 대단히 폴리포닉하다"고 서술하고 있다. '폴리포닉(polyphonic)'이란 동시에 여러 개 음을 낼 수 있는 악기나 그런 상태를 가리킨다. 복수의 사람들이 노래를 하기 때문에 그렇게 장대한 드라마가 탄생할 수 있다는 것이다.

확실히 만만찮은 성격의 인물이 속속 등장하는 소설이 재미는 있다. 실제라면 주변에 큰 민폐를 끼쳤을 사람들이 나오거나, 당사자라면 분명 곤혹스러웠을 만한 사건에 휘둘리거나, 사고의 틀에서 벗어나도록 과격하게 부딪치는 모습을 '구경거리'로 삼는 것이 장편소설의 묘미다.

또는 주인공 이상으로 매력적인 인물이 등장하는 작품도 재미있다. 예를 들면 이탈리아의 작가 안토니오 타부키의 《인도야상곡》에서는 인도를 여행하는 주인공이 어느 거리에서 젊은 형제와 만난다. 원숭이 같이 주름진 얼굴의 형과 그 형을 어깨에 태운 동생이 강렬하게 등장한다. 형은 예언자이고, 동생이 형의 말을 통역해주는데 형제와 주인공이 나누는 대화가 상당히 인상적이다.

뛰어난 소설은 독자의 감상도 다양하다. 주인공에게 공감하는 사람이 있는가 하면, 다른 등장인물에게 매력을 느끼거나 여주인공에게 빠지는 사람도 있다. 그만큼 많은 인물이 작품 속에서 빛나고 있다는 것으로, 이야기로서는 재미없을 수가 없는 것이다.

다만, 이것은 장편소설의 약점이기도 하다. 너무나도 많은 인물이 등장하면 이름이나 관계성을 다 기억하기가 쉽지 않다. 유명한 배우가 연기해주는 영화라면 구별이 쉽겠지만 소설은 활자로 이해해야 하기 때문에 누가 누군지 알 수 없게 되면 작품의 매력이 반감된다. 그대로 덮어버리고 싶은 마음이 든다.

그것이 해외 작품이라면 이름이 생소하기 때문에 더 기억하기 어렵다. 만약 러시아 문학의 경우 동일 인물이라도 '소냐', '소네치카', '도냐', '도네치카' 등으로 이름이 미묘하게 변화하는 경우가 있다. 이 '활용'까지 기억하는 것은 여간 어려운 일이 아니다.

이것을 해결하는 가장 합리적인 방법은 등장인물의 관계도를 그려보는 것이다. 책 서두에 미리 상관도를 그려 넣은 책도 적지 않다. 예를 들면 앞에서 나온 《백년 동안의 고독》도 그 중 하나다. 이야기의 중심이 되는 부엔디아가의 가계도가 실려 있다. 그것을 보면 인간관계를 파악할 수 있으며 같은 이름이 몇 번이나 등장하고 있다는 것도 알 수 있다. 이 이야기가 얼마나 복잡한지 미뤄 짐작할 수 있다.

이러한 관계도가 없다면 자신이 스스로 만들면 된다. 새로운 인물이 등장할 때마다 하나하나 추가하면 된다. 오히려 그 편이 머릿속을 정리하기 쉽다.

실제로 나는 수업 중에 학생들에게 인물 관계도를 그려보라고 한다. 새로운 용지를 사용할 것 없이 책의 간지나 속지에 그리면 된다. 다만 이름이나 관계성만이 아니라 어떠한 인물이고, 무엇을 했는가도 써넣도록 한다. 간단한 메모 정도지만 어쨌든 이런 것이 있으면 이해하는 데 도움이 돼 차분하게 읽을 수 있게 된다. 오랜만에 듣는 이름이 등장해도 당황할 일이 없다.

나에게 맞는 소설 찾기

고전도 마음 내키는 것부터

지금까지는 길고 읽기 어려운 장편소설을 읽는 방법을 살펴봤다. 그럼에도 불구하고 소설은 스토리 전개를 따라가면 되기 때문에 책 읽는 습관이 들지 않은 사람이 독서에 입문하기에 가장 쉽게 접근할 수 있는 장르라고 할 수 있다.

그런데 막상 소설을 읽으려고 해도 무슨 책부터 시작해야 좋을지 모르겠다는 사람이 있다. 책을 읽으려면 자기에게 맞고 잘 읽히는 책을 고르는 작업이 선행되어야 한다. 그래서 참고하는 것이 '국내 명작 100선', '세계 명작 100선'과 같은 리스트다.

확실히 이런 리스트를 참고하면 우선 '실패'가 없다. 기본적으로 고전이 많이 있기는 하지만 고전이란 시대를 초월하여 많은 사람들이 '재미있다'고 인정한 작품이다. 아마존 리뷰의 별 개수보다 더 신뢰할 만하다 할 수 있다.

내가 학생 시절에는 이러한 책을 읽는 것이 하나의 '의무'였다. 누가 강제로 시킨 것은 아니지만 안 읽으면 친구들 사이에서 이야기에 낄 수가 없는 분위기라고나 할까.

그러나 지금은 모든 사람에게 무조건 권할 수 있는 것은 아니다. 대개 고전은 난해하고, 문장도 옛날에 유행하던 형식이라 읽기가 쉽지 않다. 모처럼 '읽어보자'고 마음을 먹고 책을 펼쳤다가 오히려 '두 번다시는 읽지 않겠다'며 책을 덮어버릴 수도 있다.

그리고 시대적으로도 대개 1990년대 이후부터 명작의 가치가 급격히 하락했다는 느낌이 든다. 학생들 사이에서도 '잘 몰라도 별로 창피하지 않다'는 분위기가 확산되면서 어렵고 지루한 고전을 굳이 읽어야 할 필요가 없어졌다.

따라서 명작선은 우선 흥미가 있을 만한 책을 골라 술술 넘겨보는 정도로 충분하다. '어려울 것 같다', '재미없을 것 같다'고 생각하면 다시 책장에 꽂으면 그만이고, '이건 재미있을지도 모르겠다'는 책과 만나면 행운이라고 생각하면 된다.

자신과 맞는 작가를 찾아라

작품을 보고 고르는 것도 좋지만 우선은 자기와 맞는 작가를 찾는 것이 중요하다. 일상의 인간관계에도 궁합이 있듯이 작가와 독자 사이에도 궁합이 있다.

예를 들면 같은 러시아 작가라도 도스토예프스키와 톨스토이는 완전히 스타일이 다르다. 대문호의 이름을 언급했지만 꼭 이들의 작품을 읽으라는 이야기는 아니다. 편의상 예를 들었을 뿐이다.

도스토예프스키의 작품은 다양한 등장인물이 과하다 싶을 정도로 속내를 털어놓고 부딪치면서 에너지의 도가니를 만들어내는 특징이 있다. 한편 톨스토이는 세밀한 묘사를 바탕으로 등장인물들도 차분하

세상에 읽지 못할 책은 없다

게 이야기를 하는 경향이 강하다.

이 두 사람만이 아니다. 대문호든 인기 작가든 간에 각자의 강렬한 개성이나 버릇이 있다. 세계관이나 스케일도 다르고 문체도 다르다. 그렇기 때문에 등단을 한 것이고 당연히 그와 궁합이 맞는 독자와 그렇지 않은 독자가 있기 마련이다. 모든 사람이 좋아하는 사람이 없듯이, 모든 사람에게 맞는 작가는 없다. 따라서 자신에게 맞는 작가를 찾는 것이 중요하다.

예를 들면, 다자이 오사무의 작품은 예나 지금이나 젊은 층을 중심으로 높은 인기를 얻고 있다. 아무래도 젊은 세대가 좋아할 만한 무뢰파(無賴派)적인 분위기와 독자 개개인에게 말을 거는 듯한 문체가 심금을 울리기 때문인 듯하다. 특히 《여학생》《향응부인》과 같이 여성이 화자가 되어 속삭이는 작품에는 그만의 절대적인 맛이 있다. 그 세계관이나 문체에 빠져들면 《인간실격》이나 《사양》과 같은 장편도 순식간에 읽어낼 수 있다.

한편 같은 무뢰파라도 사카구치 안고의 작품은 남성의 시선에서 쓴 작품이다. 《백치》 등 많은 단편을 남긴 작가이므로, 우선은 서점에서 서서 읽기라도 해보기를 바란다. 몇 편을 훑어본 후 흥미가 생긴다면

《불연속살인사건》과 같은 장편도 읽어보길 권한다.

　물론 이것은 독서력의 우열의 문제가 아니다. 어디까지나 궁합의 문제다. 좋아해서 자주 듣는 뮤지션의 신곡은 아무리 파격적이라도 쉽게 들린다. 독서에도 그것과 마찬가지 감각이 작용한다.

　그 연장선에서 생각하면 일단 궁합이 맞는 작가를 찾았다면 일정 기간 그 작가의 작품들을 찾아서 읽어보는 것도 좋다. 예를 들면 다자이 오사무가 자신과 궁합이 맞는 것 같다면 한 달 정도를 '다자이 오사무의 달'로 정해서 10권 정도를 한꺼번에 읽는 것이다. 그러면 문체나 세계관에 대해 깊이 이해할 수 있다. 작품마다의 테마는 달라도 한 작가가 토해내는 정체성의 향기는 변하지 않기 때문이다.

　그러므로 권수가 늘어남에 따라 큰 노력을 하지 않고도 빨리 읽을 수 있게 된다. 두 권 이후부터는 거의 스트레스 없이 즐겁게 읽을 수 있다. 한 달이 경과할 무렵에는 어느 정도는 다자이 '통'이나 다자이 평론가가 되어 있을 것이다.

　일찍이 평론가 고바야시 히데오는 "한 작가의 전집을 읽는 것이 중요하다"고 말한 바 있다. 전집에는 일반적으로 '태작'이라고 불리는 것도 포함되지만 그것들도 전부 읽음으로써 비로소 그 작가의 스타일이나 진정한 재미를 파악할 수 있다는 것이다.

나는 고바야시 히데오의 글을 고교 시절에 읽으면서 완전히 감화되어 실천했던 기억이 있다. 좋아하는 작가가 생기면 그 작가의 '태작'을 포함한 모든 책을 읽었다.

그러면 확실하게 그 작가의 세계를 이해할 수 있게 된다. 긴 작품도 순식간에 읽을 수 있고, 그 작가가 매우 친근하게 느껴진다. 작품을 쓴 작가가 친구나 스승과 같은 존재로 가깝게 느껴지게 된다. 이것도 독서의 커다란 즐거움의 하나라고 할 수 있다.

단편소설은 '시식용 작품'

한 작가를 단기에 집중적으로 독파하려면 장편소설보다는 단편소설을 읽어보기를 권한다. 장편보다는 단편에 작가의 역량이 드러나기 마련이다. 단편이 재미있으면 다른 작품에도 흥미가 생길 것이고, 재미가 없다면 다른 작가로 넘어가면 된다. 그런 '시식용 작품'으로서의 역할도 하는 것이 단편이다. 우선 그렇게 한 권의 책을 다 읽고 나면 필연적으로 그 작가의 다른 작품을 찾게 된다. 단편이라고 해서 내용이 가볍기만 한 것도 아니다. 인상에 남을 만한 깊이 있는 작품들도 많이 있다.

그리고 무엇보다도 '짧다'는 것이 오늘날의 스피드 사회에 맞다고 생각한다. 겨우 수십 페이지, 아주 짧은 것은 2~3페이지로 완결되는 것도 있고, 등장인물도 비교적 적다. 짧은 만큼 결말도 분명하고 결론에 도달하는 과정도 대개 일직선이다. 장편과 같이 '앞에 읽은 부분을 까먹었다', '이게 누구였지?'라며 혼란을 겪는 일도 거의 없다.

단편집은 수록되어 있는 모든 작품을 반드시 읽어야 하는 것도 아니다. 다 읽어야 한다는 심적 부담이 없다는 점도 커다란 장점이다. 페이지를 술술 넘겨가면서 재미있는 묘사나 대화를 발견하면 그 작품부터 읽으면 된다. 두세 작품이라도 완독을 했다면 그 책은 다 읽은 셈이라고 생각해도 된다. 물론 여세를 몰아 다른 작품을 읽어도 좋다. 음악 CD로 말하자면 '보너스 트랙'과 같은 것이다. 읽으면 읽을수록 얻는 것이 많을 것이다.

예를 들어 무라카미 하루키의 《중국행 슬로보트》는 나도 좋아하는 단편집이다. 표제작 이외에 《오후의 마지막 잔디밭》도 좋다. 특별히

세상에 읽지 못할 책은 없다

큰 사건이 벌어지는 것도 아닌데 하나하나의 작품들이 마음에 남는다. 또는 제프리 디버의 추리소설들도 추천하고 싶다. 모든 작품들이 납득이 가는 확실한 결론으로 끝맺는다.

다니자키 준이치로의 단편도 훌륭하다. 이 작가는 《미친 사랑》《세설》과 같은 장편이 유명하지만 《문신》《기린》과 같은 단편소설도 뛰어나다. 그 작품들 가운데 자신의 흥미나 기분에 맞는 책을 먼저 본다면 고전이더라도 쉽게 읽을 수 있을 것이다.

동시에 다니자키가 얼마나 폭넓은 작가인가도 실감할 수 있을 것이다. 일반적으로는 '탐미파'로 불리는 경우가 많지만 여성과의 성애만이 아니라 역사소설이나 추리소설에 가까운 작품도 남겼다. 몇 권을 읽어보면 그의 지성과 날카로운 통찰에 압도되리라 생각한다.

또 작가 가운데는 원래 장편보다 단편을 전문으로 쓰는 이도 적지 않다. 그 전형적인 인물인 커트 보네거트의 작품들도 권할 만하다. 개인적인 이야기지만 나는 이 작가의 작품들을 매우 좋아해서 두 달 동안 계속 읽은 적이 있다. 물론 다른 책도 동시병행적으로 읽긴 했다. 예를 들어 전철 안이라든가, 누구를 기다리는 동안의 짧은 시간을 채우기에 아주 좋았다.

짧기 때문에 빨리 읽을 수 있고, 매일 읽으니 안도감도 생긴다. 잠시 현실을 잊고 마음을 달래기에도 좋다. 이것이야말로 현대인과 단편소설과의 이상적인 만남이 아닐까.

반대로 단편소설인데도 중간에 던져버릴 정도라면 절대 무리하지 마라. 어느 정도 알려진 베스트셀러나 스테디셀러라고 해도 그러한 세상의 평가에 자신을 맞출 필요는 없다. '이 작가와는 안 맞는 것 같다'고 판단이 들면 빨리 다른 작가로 넘어가면 된다.

세상에 읽지 못할 책은 없다

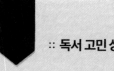
자신감 없는 저에게 용기를 주세요

Q: 자신감이 없어지고 '나는 가치가 없다', '더 살아갈 용기가 없다'
는 생각이 듭니다. '쓸모없는 인간'인 저를 구해줄 만한 책이 있
다면 알려주세요.(22세, 여성, 학생)

A: 많이 힘들겠군요. '이 세상은 살아볼 만한 가치가 있다'고 용기를
줄 수 있는 책을 알려드리겠습니다. 대개 일본인은 자기긍정이
약하다고 합니다. 자기주장이 약하고, 필요 이상으로 자신을 비
하하는 경향이 있습니다. 결국 왠지 모르게 자신을 '쓸모없는 인
간'이라고 생각하기 쉽습니다. 그것은 관점을 달리하면, 현실에
대해 진중하며, 주변에 대한 배려의 마음이 강하다는 것이기도
합니다. 너무나 자기주장이 강해서 제멋대로인 사람보다는 훨
씬 나은 기질이라고도 할 수 있습니다.

그렇지만 자주 언급하는 바와 같이 자살자 수는 매년 2만5,000
명 이상입니다. 최근에는 감소하는 경향을 보이고 있다고 해도

'많다'는 인상을 지울 수 없습니다. 세계적으로 보아도 풍요롭고 평화로운 나라에서 도대체 무슨 일이 일어나고 있는 것일까요.

물론 사정은 각각 다릅니다만, 하나는 시야가 좁기 때문이라고 생각합니다. '나는 가치가 없다', '더 살아봐야 의미가 없다'고 생각하는 것은 자신만을 바라보고 있기 때문이기도 합니다. 그러나 조금 더 시야를 넓혀보면 '우연히 얻은 생명이지만 이 세상은 살아갈 가치가 있다'는 것을 알 수 있습니다. 그 계기를 만들어주는 것이 교양이며, 그것을 얻는 가장 빠른 수단이 독서입니다. 저의 경우를 예를 들어보겠습니다. 도스토예프스키의 작품을 좋아해서 읽고만 있어도 '이 사람이 있어서 정말 고맙다'라든가 '이 작가를 만났으니 나는 행운아'라고 생각합니다. 그런 관점에서 자신의 가치를 운운하기보다는 이 세상의 가치를 긍정하게 되는 것입니다.

기원전에 쓰인 그리스 비극이나 카뮈의 《이방인》, 카프카의 《변신》 등은 이 세상의 부조리를 묘사하고 있습니다. 등장인물들은 고민하는 일에 직면하지만 이를 읽는 우리들은 공감을 느끼면서 그 세계관을 맛볼 수 있습니다. '세상은 참 매정하구나' 하

86

고 새삼스럽게 느끼면서 현실을 당연한 것으로써 객관화할 수 있습니다.

남미의 작가 가르시아 마르케스나 바르가스 요사, 보르헤스도 재미있습니다. 각각의 작품도 다르지만 가치관도 우리와는 완전히 다릅니다. 그런 것을 읽어보면 '내가 살아온 세계는 매우 좁다', '자신이나 자신을 둘러싼 세계의 가치관이 절대적인 것은 아니다'는 것을 깨닫게 됩니다. 그렇게 생각하면 상대적으로 자신의 마음은 가벼워집니다. 책에 자신이 고민하는 부분에 대한 해결방법이 쓰여 있는 것은 아닙니다만 마음을 차분히 가라앉히는 데 도움은 됩니다. 일종의 '위로효과'라고도 할 수 있겠지요.

문예작품만이 아닙니다. 세상을 긍정한다는 의미에서는 다양한 상황에 처한 사람들을 묘사한 논픽션이 더욱 큰 울림을 줄 때도 있습니다.

예를 들어《내 이름은 임마꿀레》의 저자 중 한 명인 임마꿀레 일리바기자는 1994년 르완다 대학살에서 살아남은 여성입니다. 평화로운 나라에서는 생각할 수도 없는 가혹한 상황입니다만, 이 책은 단순히 비참함을 호소하지 않습니다. 증오의 감정에서 용서와 애정에 이르는 인간 영혼의 궤적을 묘사하고 있습니다.

인간이 얼마나 '강한' 존재인가를 새삼스럽게 보여주는 작품입니다.

마찬가지로 구로야나기 테츠코의 《창가의 토토》도 추천합니다. 아이들도 읽을 수 있도록 쉽게 쓰였으며 자신의 인생에 의문을 품고 있는 어른이라면 꼭 읽어야 할 책이라고 생각합니다.

이렇게 다양한 인간군상의 모습을 보면서 우리들은 겸허하게 배울 필요가 있습니다. 그러한 것이 축적되어 자기긍정으로 이어진다고 생각합니다. 자신의 내면이나 좁은 생활공간만을 보고 있으면 확실히 염세적인 기분이 들기도 합니다. 그러나 세계의 예술이나 학문·정치·경제·사회로 눈길을 돌리면 거기에는 셀 수 없이 많은 사람들이 최선을 다해 사는 모습이 있습니다. 그 존재를 앎으로써 이 세계는 역시 살 만한 가치가 있다고 생각하게 될 것입니다.

더 직설적으로 마음을 안정시킨다는 의미에서는 종교관계 서적이 재미있을지도 모르겠네요. 신앙과는 별도로 종교의 가르침을 이해한다면 마음의 안정을 얻을 수 있을 것입니다. 불교든, 기독교든, 이슬람교든, 관련된 책은 무수히 많습니다. 어렵지 않은 가이드북이 있는가 하면, 경전의 현대어 번역본도 있고, 전문가

에 의한 종교론도 있습니다. '나는 종교와는 관계없다'고 경원시
하지 말고 우선은 간단한 것부터 슬슬 읽어보기를 권합니다.

그중에 독특한 사람이 오쇼 라즈니쉬라는 종교 지도자입니다.
《도(道)》《마음을 버려라》《자비의 서》 등 수많은 저작들이 있습
니다. 발언이 과격하다고 비판을 하는 이들도 있습니다만, 책으
로 읽어보면 많은 종교를 깊이 연구하고 '앎'이 넘치는 사람임을
알 수 있습니다. 이런 내용을 밤에 잠자기 전에 읽으면 마음을
안정시킬 수 있을 것입니다.

물론 정신세계를 다룬 이야기이므로 현실세계에서 보면 뜬구름
잡는다고 생각할 수도 있습니다. 그러나 그것이 '깨달음'이라는
것입니다. 매일 바쁜 우리들은 그렇게 간단히 '깨달음'의 경지에
도달할 수 없습니다. 그러나 책을 통해 그 세계를 추구하거나,
조금 들여다볼 수는 있습니다. 그럼으로써 다소나마 일상과는
다른 가치관의 세계에 젖어보는 것도 상당한 '위로'가 될 것입
니다.

앞서 말한 가혹한 운명에 저항하며 살아가는 사람들의 이야기
도 좋고, 이러한 현실을 잊게 해주는 책도 좋습니다. 양쪽을 균
형 있게 읽는 것이 자신의 정신을 성장하게 해줍니다.

제3장

기업·역사소설에서 비즈니스 능력을 키우는 법

고민

:
:

'이왕 읽는 건데 뭐라도 얻어야지.'

'비즈니스에 도움이 될 만한 소설은 없을까?'

책에서 실용적인 이득을 얻고 싶을 때.

방법1

기업소설과 자서전 읽기

등장인물의 '커뮤니케이션 능력'

이 장에서는 소설 가운데서도 직장인들에게 인기가 많은 기업소설과 역사소설을 쉽게 읽는 방법을 전하고자 한다.

'금융 미스터리'라는 새로운 장르를 개척했다고 평가받는 이케이도 준의 《하늘을 나는 타이어》와 《은행원 니시키 씨의 행방》을 읽어보자. 직장을 무대로 한 스릴 넘치는 이야기가 펼쳐진다. 스토리도 재미있지만 직장생활에 도움이 되는 통찰력이 돋보인다. 《하얀 거탑》으로 유명한 야마자키 도요코의《불모지대》나《돌풍지대》도 대부분 드라마로 제작될 정도로 뛰어난 작품이다.

이런 유의 책에서 배워야 할 기술은 비즈니스 커뮤니케이션 능력이다. 등장인물들이 나누는 대화는 무척 현실적이고 힘이 있다. 그것을 활용해 자신의 일상에 녹여낼 수 있다면 독서에서 정말 값진 기술을 얻게 되는 셈이다. 이들 소설에서는 상대의 말을 되받아치거나, 설움을 잊지 않으려고 다짐하거나, 발상의 전환을 꾀하는 대사가 자주 등장한다. 그런 부분을 읽으면 '이런 상황에서는 이렇게 얘기하면 되겠구나'라고 깨닫게 된다.

일상 업무를 따분하다고 느끼는 사람들이 많다. 하지만 경제활동 전체로 봤을 때는 상당히 빠르고 역동적인 시대에 살고 있다는 느낌도 든다. 극단적으로 말하면 전국시대 무장이 천하를 다퉜던 것처럼, 오늘날도 살아남기 위해선 무엇이든 하지 않으면 안 된다. 실제로 무기를 들고 싸움을 하는 일은 일어나지 않겠지만 사회생활 역시 전쟁 상황과 다를 바 없다. 그런 의미에서 소설 속 대사도 현실 사회에서 충분히 적용할 수 있다.

세상에 읽지 못할 책은 없다

다른 분야를 보며 동기를 부여한다

기업소설의 장점은 또 있다. 생생한 기업의 구조를 간접적으로 체험해볼 수 있다. 예를 들어《은행원 니시키 씨의 행방》을 읽으면 '은행에서는 이런 일들을 하는구나', '은행원의 사고방식은 이렇구나'를 알게 된다. 나아가 은행원이 느끼는 사명이나 보람도 느낄 수 있다.

시로야마 사부로의《가격파괴》같은 소설을 보면 '유통시장'의 진면목을 볼 수 있다. 허구의 소설이기 때문에 드라마적인 내용이야 현실보다 과장되게 그려지고 있지만, 작품 속에 등장하는 수많은 인간군상의 모습을 보노라면 현실의 한 장면처럼 느껴진다. 이런 존재에 대한 이해심이 생긴다면, 모르면서 비판하는 행동은 옳지 않다는 생각으로 이어진다. 자신의 전문 분야 이외 분야에 대한 인식을 새롭게 하는 것도 세상 공부 중 하나다.

일단 기업소설은 비즈니스가 소재인 이상 반드시 어떤 업종이나 업계를 묘사하게 된다. 디테일한 현장 취재를 통해 글을 썼기 때문에 사실과 전혀 다른 경우는 없다. 오히려 해당 업종의 독특한 습관이나 암묵적인 규칙 같은 것이 스토리 전개의 열쇠가 되기도 한다. 결국 독자는 스토리를 따라가면서 자신이 일하는 곳과 다른 분야의 모습을 들여다볼 수 있다.

그리고 또 하나, 기업소설에서 얻을 수 있는 것은 동기부여다. 자기계발서로도 많은 도움을 받을 수 있지만, 스토리가 좋아서 재미있고 감정 이입도 잘되기 때문에 자신의 상황에 대입하거나 응용하기도 수월하다.

하쿠타 나오키의 《해적이라고 불린 남자》도 읽어볼 만하다. 에너지 기업 이데미츠코산(Idemitsu Kosan)의 창업자 이데미츠 사조우를 모델로 한 소설인데, 정유업계의 치열한 생존 전쟁을 그리고 있다. 자사의 이익뿐 아니라 국가의 미래를 위해 과감하게 도전하는 모습은 감동적이기까지 하다. 어떤 일이든 이렇게 높은 뜻을 가지는 것은 중요하다.

이 책을 읽으면서 예전에 NHK에서 인기리에 방영된 드라마 '프로젝트 X'가 떠올랐다. 각자의 현장에서 필사적으로 일하고, 많은 인명을 구하거나 국가에 큰 공헌을 한 사람들을 그린 작품이다. 일의 진정한 의미에 대해서 다시 한번 생각하게 된다.

흔히 우리는 스포츠 경기를 보면서 삶의 의지를 다진다. 좋아하는 선수가 있는 팀, 응원하는 팀이 승리하는 모습을 보면서 '나도 열심히

살자'는 마음을 먹게 된다. 스포츠 잡지가 발간되는 이유이기도 하다. 훌륭한 경영자의 인터뷰나 유명 예능인의 어록을 보는 것도 마찬가지다. '대단하다'고 압도되는 부분도 있지만 '나와 같은 사람이구나' 하고 공감할 수 있는 부분도 있다. 무엇이든 자신에게 동기부여가 된다면 그것으로 충분하다.

기업소설에도 마찬가지 효과가 있다고 생각한다. 주인공의 업무상 고뇌나 인내, 그 후의 성공담을 보면서 거기에 자신을 투영함으로써 스스로를 고무하거나 일시적인 휴식을 얻을 수 있다. 언제 어디서나 몇 번이라도 읽을 수 있다는 점에서는 스포츠 관전이나 예술 감상보다 효과적이다.

위대한 경영자에게서 배운다

소설은 아니지만 경제 관련 위인의 전기나 자서전도 재미있다. 예를 들면 혼다 소이치로의 저서와 그에 대한 평전은 많이 나와 있다. 나도 열 권 이상 읽었는데, 거기에 쓰인 혼다의 말은 대단히 생생하게 기억에 남았다. 그의 생애 자체가 한편의 대하드라마였다고 할 수 있다. 비즈니스맨이라면 이렇게 위대한 대선배를 다룬 책을 읽고 감화되는 것도 좋을 것이다.

혹은 일본을 대표하는 경영자로서 혼다와 어깨를 나란히 하는 마쓰시타 고노스케의 작품도 많이 있다. 경영이념뿐 아니라 마쓰시타가 살아온 고도 성장 시대의 열기나 마쓰시타의 인간관, 인생론까지도 알 수 있다.

관련된 책이 너무 많아서 고르기 힘들 수도 있기 때문에 한 권만 읽어보겠다면 《길은 잃어도 사람은 잃지 말라》를 추천하겠다. 마쓰시타 고노스케의 주옥같은 어록을 담은 책이다. 더욱이 마쓰시타의 격언인 만큼 각각의 어록에 함축된 뜻이 있다. 주제별로 정리되어 있어서 더 좋다. 하루에 하나씩 의미를 곱씹으면서 읽다 보면 어느새 성장해 있는 자신을 발견할 수 있을 것이다.

전 세계적으로 유명한 책 《카네기 자서전》도 필독서로 부를 만하다. 철강왕이 된 후 회사를 매각한 자금으로 카네기홀과 카네기멜론대학교를 세운 앤드루 카네기는 젊었을 적 일개 전신 기사에 불과했다. 거기에서 점점 스케일을 키워가는 모습은 그야말로 아메리칸 드림 그 자체다. 그것도 단순히 '행운'이었거나 '수완'이 좋았던 정도가 아니다. 근본적으로 공공심이 있고 근면함이 있는 인물이었다. 또 그런 개인에게 보상하는 미국이라는 선진 사회가 있다. 읽고 나면 매우 유쾌해지고 동기부여가 된다.

위인의 일생을 돌아보는 소중한 시간

창업자나 경영자뿐 아니라 세계를 움직이게 한 위인들의 전기도 흥미롭다. 사람을 설득하거나, 지시하거나, 타협하는 것은 비즈니스맨에게 일상적인 일이다. 다른 사람의 위에서 지시하는 역할이라면 이런 능력은 더욱더 중요해진다. 자서전이나 어록에는 그러한 무게감이 실려 있다.

그런 점에서 위인들이 내뿜는 강렬한 에너지나 커뮤니케이션 기술은 참고가 될 만하다. 예를 들면《간디 자서전》《달라이 라마 자서전》《넬슨 만델라 자서전》등을 읽으면 현대가 어떤 시대인지를 잘 알 수 있다. 가혹한 상황을 살아낸 그들이 나의 등을 지탱해주는 기분이 들

것이다.

나폴레옹의 《전쟁 금언》이나 카이사르의 《내전기》 《갈리아 전쟁기》 등도 있다. 그들의 말은 역시 한마디 한마디가 무게감이 다르다. 세계사의 영웅인 나폴레옹이나 카이사르의 글을 현대를 살아가는 우리가 읽을 수 있다는 것 자체도 대단한 일이 아닐 수 없다. 오늘날의 직장인들이 목숨을 걸고 싸울 일은 없지만 '리더란 무엇인가'를 배울 수 있는 좋은 교과서라고 생각한다. 다만 어느 정도의 예비지식이 있어야만 읽기 쉽다.

동서고금을 막론하고 세상에 이름을 알린 사람은 대개 커다란 실패도 경험했다. 실패를 발판으로 삼아 어떻게 일어섰는지를 들여다보는 것도 소중한 시간이 된다. 또한 오늘날에는 누구나 인정하는 위인이라고 할지라도 살아생전에는 그다지 높은 평가를 받지 못했거나, 만년에 실의에 빠진 채 죽어간 사람들도 적지 않다. 한바탕 꿈과 같은 인생이라고 알려주는 것이다. 이런 것들을 읽으면 '나는 아직 멀었구나', '작은 일에 투덜거리면 안 되겠구나' 하는 생각이 들 것이다.

세상에 읽지 못할 책은 없다

방법 2

지식 없이 시작하는
역사소설

사극이 재미있다면 역사소설도 재미있다

과거에는 TV에서 방영되는 사극이 최고의 시청률을 자랑하는 인기 프로그램이었다. 마지막에는 반드시 '정의'가 승리한다는 권선징악과 현대극에는 없는 향수와도 같은 것이 커다란 매력이었다.

역사소설도 사극처럼 즐기면 된다. 스토리가 한 가닥으로만 흐르지는 않지만 그것이 세계관에 영향을 미치게 된다. 사극을 좋아한다면 틀림없이 역사소설도 좋아할 것이다.

그 전형이 아마도 시바 료타로의 작품일 것이다. 면밀한 취재와 '시바 사관'이라고까지 불리는 독특한 역사관이 가미되어 역사상의 인물이 밝고 생생하게 묘사되는 것이 특징이다. 역사소설을 100퍼센트 사실대로 그리지는 않겠지만 작가는 기록에 없는 틈을 상상력으로 메워야 한다. 그것이 작가의 역량이라고 생각한다. 그런 점에서는 시바는 틀림없는 1급 작가다.

시바 료타로의 작품 중에는《료마가 간다》가 너무나도 유명하다. 전 8권에 달하는 장편소설이지만 읽기 시작하면 중도에 그만둘 수 없을 정도의 빠른 전개와 역사가 크게 전환되는 역동성을 느낄 수 있다. 픽션의 요소도 물론 있지만 읽어보면 왜 이 책과 사카모토 료마에게 열광하는 팬이 많은지를 알게 된다.

더불어 내가 추천하는 작품은《료마가 간다》와 동시대를 무대로 한《세상에 사는 날들》이다. 전4권 중 전반 두 권에서는 메이지유신의 정신적 지도자 요시다 쇼인의 생애가, 후반 두 권에서 메이지유신 초기를 이끌다 요절한 영웅 다카스기 신사쿠의 짧은 생애가 그려지고 있다. 이 두 사람의 생애를 축으로 일본 역사의 대전환기를 조명하고 있다. 이들의 기개와 강인함은 현대인으로서는 상상하기 어렵다. 그런 차이에서 오는 경외감이 독자를 이야기의 세계로 이끄는 것이다.

상당한 분량의 장편소설이지만 매우 읽기 쉽다. 가벼운 필치라서 하루에 한 권을 읽는 것도 가능하다. 이것은 시바의 다른 작품에도 공통되는 특징이다.

또 《언덕 위의 구름》도 매우 많은 팬을 거느린 작품이다. 러일전쟁이라는 역사상의 대사건을 아키야마 요시후루, 마네유키라는 형제에 초점을 맞추어 묘사한 것에서 역사소설의 묘미가 느껴진다. 아마 역사가가 이 책을 썼다면 이 형제의 비중은 대단히 작아졌을 것이다. 당시 해군이라면 도고 헤이하치로, 육군이라면 노기 마레스케나 고다마 겐타로라는 '스타'가 있기 때문에 그들에게 초점이 맞춰졌을 것이다. 그러나 이 소설을 읽으면 그러한 스타들도 조력자가 있었기에 가능했다는 것을 깨닫게 된다.

여기서 재미를 주는 요인 역시 그들이 내뱉는 대사다. 시바 본인의 말에 의하면, 자료를 정밀 조사하여 짜내듯이 인물의 캐릭터를 창조한다. 그래서 대화 내용은 거의가 다 픽션이지만 정말로 그렇게 말했을 것 같은 사실감이 있다. 이것도 인기의 비결이다.

또 젊은 여성을 중심으로 인기가 있는 작품으로는 《불타는 검》이 있다. 히지카타 도시조우를 축으로, 신센구미(新選組, 에도 막부 말기인 1863년에 창설된 무사 조직으로 막부 반대 세력과 싸움—옮긴이)의 융성과 쇠퇴를 드라마틱하게 그린 장편소설이다.

신센구미는 원래 무사들을 동경하는 농가 젊은이들의 집단이지만 역사의 주 무대에 선 것은 매우 잠깐이며 결국에는 적군과 패배자로서 사라져간다. 그 애절함과 오늘날에도 남아 있는 히지카타 토시로의 꽃미남 이미지가 여성들의 심금을 울리는 것이다. 어떤 남자가 인기가 있는지 알고 싶은 요즘의 초식남들이야말로 꼭 읽어야 할 필독서다.

짧지만 강력한 하이쿠

역사소설은 아니지만 역사상의 인물이 남긴 작품도 상당한 묘미가 있다. 일반적으로는 '고전'이라고 불리는 장르다.

가장 먼저 추천하고 싶은 것은 마츠오 바쇼의 《바쇼 하이쿠 선집》이다. 바쇼의 하이쿠는 단순하지만 삶의 핵심을 파고드는 짧고 압축적인 시(詩)다. 한 글자 한 글자를 곱씹으면서 따라 읽다 보면 한 구 한 구에

세상에 읽지 못할 책은 없다

배어 있는 시인의 감정에 공감하는 부분이 많을 것이다.

게다가 지금은 기회만 된다면 바쇼가 그 시구를 지은 현장을 찾는 것도 어렵지 않다. 다 읽고 난 뒤 방문해서 당시 바쇼의 기분과 생각을 떠올려보고 여행의 추억으로 남기는 것도 좋을 것 같다. 물론 특별히 하이쿠 마니아일 필요는 없다.

바쇼가 시구를 읊은 장소에서는 일종의 이야기도 탄생했다. 가령 《바쇼 하이쿠 선집》에 수록된 작품은 아니지만 "봄날 마리코 숙소의 참마국(梅若菜丸子の宿のとろろ汁)"이라는 시구가 있다. 마리코는 오늘날 시즈오카에 있는 지역인데, 가보면 바쇼 시비(詩碑)가 있고 참마국 식당도 있다. 바쇼의 시구를 알고 먹는 것과 모르고 먹는 것은 미각적으로도 큰 차이가 있지 않을까?

바쇼의 하이쿠는 여러 곳에서 출판됐고 그의 모든 작품을 모은 전집도 있다. 대개는 해설도 제공하고 있어서 이해하는 데 큰 어려움은 없을 것이다. 하이쿠 자체가 짧기 때문에 하루 이틀이면 다 읽을 수 있지만, 속도보다는 단어 하나하나에 집중하면서 작가의 세계관을 이해해보는 것을 추천하겠다. 또한 그 가운데 마음에 드는 시구를 몇 개 암기해두면 충분히 읽은 보람이 있을 것이다.

평소 하이쿠에 관심을 두고 있던 사람이라도 막상 단 17개의 글자로 시를 지으려면 무척 어렵다는 사실을 알 수 있다. 하지만 작품을 읽는 것이라면 누구나 가능하다.

바쇼를 알고나면 마찬가지로 유명한 하이쿠 시인 고바야시 잇사의 《밤에 핀 벚꽃》도 즐길 수 있을 것이다. 바쇼보다 작품 수가 많기 때문에 전부를 다루고 있지는 않지만 널리 알려진 작품은 모두 수록되어 있다.

그리고 당시를 대표하는 소설가로는 짓펜샤 잇쿠가 있는데《짓펜샤 잇쿠 작품선집》에 대표작들이 실려 있다. 고전인데도 문체가 가볍고 쉽게 읽힌다. 이어서 시리아가리 고토부키의《한밤중의 야지와 키타》도 좋은 작품이다. 에도 시대 호모 커플인 야지와 키타 두 사람이 토카이도를 무대로 여행을 떠나는 이야기다. 그의 풍부한 상상력에 감탄이 절로 나온다. 이 두 사람이 동성애 관계라는 사실은 작품에서 그대로 밝히고 있다. 원작에도 쓰여 있으며 당시에도 그다지 생경한 이야기는 아니었다. 그만큼 성(性)적으로는 개방되었다고 할 수 있다.

　　　　　　　　　　　　　　　세상에 읽지 못할 책은 없다

에도 시대의 베스트셀러 작가

그리고 또 한 사람, 에도 시대를 대표하는 작가로 이하라 사이카쿠가 있다.《호색일대남》으로 대표되는 '호색물'과《일본영대장》과 같은 '상인물'을 쓴 희대의 인기 작가였다. 소위 '색'과 '돈'을 주제로 작품 활동을 했는데, 확실히 누구나 흥미를 가질 만한 이야기다.

《호색일대남》에서 '일대(一代)'란 자손을 남기지 않는다는 뜻이다. 그래서 번 돈을 전부 여자에게 쏟아붓는다. 일종의 이상적인 남자의 삶의 방식을 묘사한 작품이다. '가계를 잇는 것이 가장 중요'했던 당시로서는 강렬한 안티 테제였다. 그러나 그 반항성에 독자는 청량감과 감동을 느끼는 것이다.

또《일본영대장》에서 묘사하는 것은 어쨌든 장사로 성공하기 위한 방법이다. 그것이 이야기 형식으로 소개되고 있어 독자는 돈을 벌기 위한 힌트를 얻을 수 있다. 예를 들어, 목면 도매상으로부터 목면 한 필을 사서, 그것을 나누어 수건을 만들고 길일에 신사에서 팔아 큰돈을 벌었다는 식이다. 대단할 것도 없는 수건이지만 그것을 길일에, 신사에서 팔면 손님들은 그것을 '좋은 인연을 가져다줄 물건'으로 인식해서 사게 된다는 것이다. 이런 노하우는 오늘날의 비즈니스 서적에도 필적할 만하다.

아마도 비즈니스에서 성공하려면 야성적인 운동신경도 필요할 것이다. 나는 창업가나 비즈니스 리더와 만날 기회가 꽤 있는데, 그들은 특유의 '냄새'를 가지고 있다. 그것은 정말로 《일본영대장》에 등장하는 사람들과 같은 것이다. 시대는 바뀌었지만 '성공하는 비즈니스맨'의 모습은 꾸준히 내려오는 것인지도 모르겠다. 이런 책이 팔렸다는 것은 그만큼 당시(특히 겐로쿠시대) 사람들이 정력적이었다는 의미다. 주류를 이루는 유교적 윤리관에서는 당연히 돈도 여자도 나오지 않는다. 사이카쿠의 작품에서 반골정신을 느껴보는 것도 커다란 즐거움이다.

당연하지만 원문은 당시 언어로 쓰여 있기 때문에 아무래도 읽기가 어려울 수 있다. 그러나 여러 출판사에서 현대어로 번역을 추가한 책이 나와 있으므로 자신에게 맞는 것을 선택하면 된다. 물론 주저할 것 없이 먼저 현대어로 된 책을 읽어도 좋다. 그리고 나서 여력이 있으면 원문을 읽어보자. 새삼스럽게 고문 해독력을 테스트할 필요는 없으므로 가능한 한 스트레스를 받지 않는 길을 선택하면 된다.

:: **독서 고민 상담 ④** ::

비즈니스에 무기가 될 만한 책 없나요

Q: 세상은 너무 빨리 변하고 있는 것 같습니다. 글로벌화와 IT화의 물결에 적응하지 않으면 안 된다는 생각에 불안합니다. 디지털에 강한 젊은 세대가 치고 올라오고, 상사세대는 압력을 가합니다. 중간에 낀 우리들은 어떻게 해야 할까요? 비장의 무기가 될 만한 책을 소개해주십시오. (45세, 남성, 회사원)

A: '변화가 심한 시대', '글로벌화', 'IT화'라는 문구는 매일 매스컴에서 빠지지 않습니다. 이러한 변화의 최전선에서 싸우고 있는 사람도 있을 것입니다.

그러나 조금 냉정하게 생각해보지요. 자신의 업무에서 정말로 글로벌화나 IT화가 요구되고 있습니까? 필요도 없는데 그 스킬이 부족하다고 불안감을 느끼는 것이라면 그것은 미디어의 '바람'에 휩쓸린 것에 불과하다는 생각이 듭니다. 세상 전체에 대한 걱정을 하기 전에 자신의 주위를 돌아보는 것이 좋을 것입니다.

우선 글로벌화를 살펴봅니다. 글로벌화의 가장 좋은 예가 영어겠지요. 최근에는 영어공용어화를 도입한 회사도 있습니다만, 그 회사 직원이라면 몰라도 국내에서 영어가 필요한 일이란 그리 많지 않다고 생각합니다.

내가 아는 대기업의 관리자에게 물어보니 확실히 외국 기업이나 고객과의 접촉은 불가피하다고 합니다. 해외주재원 파견이나 출장도 자주 가야 하니까요. 그러나 어학이 가능하다는 이유만으로 그러한 역할이 주어지는 것도 아닙니다. 당연히 업무능력이 전제돼야 하고, 그 연장선상에서 해외에서의 업무가 있는 것입니다.

그러므로 어학은 'OJT(On the Job Training)', 결국 현지에서 일하면서 습득하는 경우가 많다고 합니다. 영어만이 아닙니다. 중국에 가면 중국어, 베트남에 가면 베트남어를 해야 합니다. 반대로 말하자면 그때가 돼서 배우기 시작해도 됩니다.

나 자신도 일상적으로 영어의 필요성을 해가 갈수록 덜 느끼게 됩니다. 과거에는 영문 원서를 읽는 일도 자주 있었습니다. 하지만 근본적으로 국내물로 읽는 것이 빠르지요. 그리고 요즘은 중요한 문헌이라면 대개 뛰어난 연구자나 번역자에 의해 국내판이

나옵니다. 만약에 번역에 문제가 있다 하더라도 같은 저자의 책을 몇 권 보면 큰 문제는 없을 것입니다. 시간적인 면에서도, 흡수도 측면에서도 번역본이 효율적입니다.

물론 영어의 필요성은 사람에 따라 제각각입니다. 업무상 필요한 사람이 있는가 하면 교양이나 취미로 배우는 사람도 있습니다. 그러나 필요도 없는데 '영어를 못하면 안 된다'는 강박관념에 시달리는 것은 무의미합니다. 그전에 업무 스킬을 연마하는 것이 더욱 '글로벌 인재'에 다가서는 길이 아닐까요.

IT화도 마찬가지입니다. '젊은이=디지털 네이티브'라는 이미지가 있습니다만 사실은 그렇지도 않습니다. 오랫동안 젊은이들과 어울려온 내 생각에는 오히려 '괜찮을까?'라는 생각이 들 정도로 그들은 IT를 잘 사용하지 못합니다. 지금은 스마트폰 전성기라서 PC가 없는 학생도 있을 정도입니다. 예를 들어 무언가를 검색한다고 해도 그들보다 제가 더 빨리 필요한 정보를 찾는 경우도 많습니다. 혹은 이전에 교직수업에서 'ICT(Information and Communication Technology)를 활용한 수업을 생각해보라'는 과제를 낸 적이 있었는데 학생들은 처음부터 벌벌 떨더군요. 그들에게 물어봐도 텍스트는 전자서적보다 종이책이 좋고, 칠판도

터치펜보다는 보드마커가 좋다고 하더군요.

그래도 억지로 과제를 내보면 그 나름의 기능이나 성능을 조사하고, 수업 아이디어를 내옵니다. 저도 결코 IT에 능통하지 않지만 중요한 것은 '익숙함'이나 '의욕'의 문제라고 생각합니다. 따라서 '디지털 네이티브'를 두려워할 필요는 없습니다. 컴퓨터를 사용함으로써 효율화할 수 있는 작업도 많기 때문에 최소한 그 조작방법을 마스터하면 충분하지 않을까요.

그보다도 중요한 것은 정말로 필요한 '무기'를 갖추는 것입니다. 직종에 따라 필요한 능력은 다릅니다만 공통적으로 익혀두는 것이 좋다고 생각하는 것이 경제 관계 지식입니다. 그것도 '이렇게 하면 돈을 번다'는 노하우를 담은 책이 아니라 경제학 이론서나 해설서를 추천합니다.

거기에도 여러 가지 계통이 있습니다만 우선 '케인스 경제학'을 알아두었으면 합니다. 오늘날의 경제, 재정에 있어 케인스의 이론을 모르고는 생각할 수가 없습니다. 전문서로서는 힘들 수도 있으니 관련된 입문서를 3~5권 정도 읽어두면 좋을 것입니다. '케인스의 달'을 정해서 단기 집중적으로 읽는 것도 좋습니다.

그러면 예를 들어 공공투자가 경제에 미치는 영향이나 불황 시

세상에 읽지 못할 책은 없다

대처법의 기초를 알 수 있습니다. 그것을 바탕으로 경제뉴스 등을 읽으면 이해도가 전혀 다를 것입니다. 또는 국가의 정책결정의 의미도 이해할 수 있을 것입니다. 복잡한 경제구조를 이해하는 것은 매일매일 일하는 스스로에 대한 자신감으로도 이어지는 것입니다.

더불어 말하자면, '최고'라 불리는 사람의 일하는 방식에 대한 책도 참고가 됩니다. 예를 들어 광고계에서 매우 유명한 아트디렉터 사토 가시와의 《공감》이라는 책이 있는데, 크리에이터가 창의력을 발휘하는 순간은 뭔가 새로운 것을 만들어내는 것이 아닌 상대방이 말하고자 하는 문제의 본질을 파악해 과제를 찾아내고 그것을 해결해나가는 과정에서 발휘된다고 설명하고 있습니다. 말하자면 다른 생각을 어떻게 받아들일 것이냐는 태도의 중요성을 강조하는 것입니다.

인간관계를 넓힐 수 있는 책 있나요

Q: 일상적인 커뮤니케이션이 미숙해서 잡담 한마디도 하지 못하는 사회인입니다. 취미는 독서입니다. 그런 제가 주위사람들과 잘 어울리기 위해 어떤 책을 읽으면 좋을지 알려주십시오.(50세, 남성, 공무원)

A: '커뮤니케이션 미숙'을 고민하는 사람은 적지 않습니다. 낯을 가리거나, 얘기를 잘 못하거나, 분위기를 읽지 못하는 등 그 사정은 다 다른 것 같습니다. 만병통치약과 같은 마법의 방책은 없습니다만 최소한의 '잡담력'을 키우려는 마음가짐은 가져야 합니다. 그렇다고 해서 화술을 길러야 한다는 것은 아닙니다. 정말로 작은 것이라도 장소와 상황에 맞는 화제를 꺼낼 수 있으면 되는 것입니다.

예를 들어 "오늘은 날씨가 좋네요"라든지, "어제 자이언츠의 역전승은 정말 멋있었어요"라든지, "어느 탤런트가 결혼한다고 하네요"라도 좋습니다. 이야기에 내용이 있는가는 일단 상관없습니다. 상대나 장소의 분위기에 따라 다릅니다만 침묵으로 어색한 분위기보다는 훨씬 낫습니다.

다만, 피해야 할 화제도 있습니다. 예를 들어 정치나 종교 등의 사상, 신조에 관한 이야기는 의외의 파장을 가져올 수 있습니다. 아주 막역한 사이라면 별개입니다만 분위기를 전환하려는 목적의 화제로서는 위험합니다. 또 어두운 사건이나 사고의 이야기는 분위기도 어둡게 만들 수 있으므로 자제하는 것이 좋습니다. 이런 것은 상식의 범주라고 생각합니다.

그렇다고 해서 매일 날씨나 연예인 이야기만 늘어놓아서는 '실속 없는 사람'이란 인상을 줄 수도 있습니다. 조금은 내용이 있는 이야기가 좋겠지요. 결국 화제를 준비해둘 필요가 있습니다. 그래서 추천하는 것이 잡지입니다. TV의 정보 프로그램이 다루는 화제도 좋습니다만 상대방도 이미 알고 있을 가능성이 있습니다. 또 신문기사도 좋기는 합니다만 아무래도 딱딱한 이야기가 많아집니다. 그 점에서는 잡지에는 깊이 있는 기사가 실려 있기도 하고, TV나 신문보다는 드문 정보를 다루고 있습니다.

게다가 실력 있는 프로기자나 편집자가 집중 취재해서 쓴 기사이니만큼 그 나름의 신빙성도 있고, 흥미를 불러일으키는 문장으로 쓰여 있습니다. 인터넷에도 정보는 넘쳐나지만 엉터리 정보가 많습니다. 그것을 선별한다는 의미에서도 잡지가 효율적입니다.

그래서 가능하면 잡지를 한두 권 정기적으로 구독하는 것이 좋다고 생각합니다. 그럼 적어도 화제의 빈곤은 없어질 테니까요. 또 자주 가는 은행이나 찻집, 이발소 등에 놓여 있는 잡지를 항상 읽는 습관을 들이면 남다른 정보를 수집할 수 있습니다.

대개 잡지라고 하면 주간지의 이미지가 강합니다만 월간지를 읽는 재미도 있습니다. 시간을 들여 제작하는 만큼 기사 하나하나에 깊이가 다릅니다. 예를 들어 문화지인 〈컬트〉나 〈스위치〉 등에는 당대의 문화인이나 연예인의 인터뷰 기사가 자주 게재됩니다. 자신의 작품에 담긴 생각이나 제작의 뒷이야기 등 흥미가 있는 사람에게는 참을 수 없는 이야깃거리라고 생각합니다.

그리고 무엇보다 잡지는 연재 칼럼이 있습니다. 필자 각자의 센스가 빛납니다. 특정 칼럼을 계속 읽기 위해 잡지를 정기 구독하는 사람이 있을 정도입니다. 무엇을 화제로 하는가보다 그 대상을 어떠한 관점에서 보는가가 더욱 재미있는 것입니다.

잡지의 인기 칼럼이 출판된 케이스는 자주 있습니다. 우선은 잡지에서 '재미있다'고 생각되는 칼럼니스트를 정하고, 책을 읽고 그 '관점'을 마스터하여 '자신의 관점'으로 삼아 그 시선으로 세상의 화제에 관해 생각해봅니다. 여기까지 한다면 '화제가 풍부하고 재미있는 사람'이 돼 있을 것입니다.

제4장

난해하고
난감한 책을
읽어내는 요령

고민

⋮

'번역된 학술서 같은 난해한 책은 어떻게 하면 잘 읽을 수 있을까?'

'난 문과 출신이라 과학은 어려워.'

방법 1

평론과 학술서 읽어내기

논리에 앞서 감정을 읽는다

번역서에는 독특한 '번역문체'라는 것이 있다. 보통의 국내서보다 문체가 답답하고 어색하다. 번역자가 원전에 충실하면 할수록 그런 경향은 더욱 강하다. 무라카미 하루키는 이것을 반대로 이용해서 번역서풍의 문체를 확립하기도 했다. 그것이 무라카미 하루키의 인기 비결이란 것은 모두가 아는 사실이다.

번역서를 읽으려면 번역문체에 익숙해져야 한다. 이 세상에서 어렵다고 분류되는 책의 절반 이상은 번역문체로 쓰인 것이라고 생각해도 좋다. 더구나 그 책이 학술서라면 번역서가 아니라도 번역문체로 쓰여 있다. 본 장에서는 번역서와 번역문체로 쓰인 학술서에 관한 독파법을 설명하겠지만, 우선 '난해한 문장'이라고 하면 적지 않은 사람들이 떠올릴 대학입시의 국어에 관해서 이야기를 하고 싶다. 평론문을 해석하느라 고생한 기억이 있는 사람들도 많을 것이다. 난해한 전문용어나 좀처럼 들어보지 못한 단어, 쓸데없이 긴 문장, 비틀듯 돌려 말하기 등 정말로 수험생들을 의도적으로 괴롭히기 위해 쓴 것 같은 문장도 적지 않다.

수험생은 어쩔 수 없다 하더라도 일상에서 이런 문장이 나오는 책은 피하기 마련이다. 귀중한 시간이나 노력을 낭비하지 않기 위해서라도 일부러 이런 책을 골라서 읽을 필요는 없다.

다만 이해를 바라는 것은 결코 '난해한 책=읽지 않아도 되는 책'이 아니라는 것이다. 직업상 나도 입시문제를 자주 접하지만 솔직하게 말하면 질이 나쁜 평론문도 때때로 출제되고 있다. 사실은 단순한 논리에 불과함에도 '어렵게 쓰지 않으면 안 된다'는 이른바 '난해병'이라도 걸린 듯이 빙빙 돌려 말하는 것이다. 이러한 책은 멀리해도 상관없다.

그러나 난해해도 읽을 가치가 있는 책은 무수히 많다. 비록 자신이

'어렵다'고 느끼더라도 신뢰하는 사람이 추천하는 책이나 리뷰의 평판이 좋은 책은 적어도 '악서'는 아니다. 그것에 도전함으로써 독서의 진정한 즐거움을 맛볼 수 있다.

그러면 어떻게 읽을 것인가. 여기에도 요령이 있다. 먼저 '이 저자는 무엇을 좋아하고, 무엇을 싫어하는가를 간파한다'는 것이다. 논리에 앞서 감정을 읽는 것이다. 나는 이것을 '호오(好惡) 현대문'이라고 부르고 있다.

그러한 시선으로 목차를 보거나, '들어가며'를 읽어보거나, 전체를 훑어보면 대강의 내용을 알 수 있다. 예를 들어 미셸 푸코의 《감시와 처벌》이라면 '이 사람은 관리사회를 싫어한다'는 것을 바로 알 수 있다. 마르크스라면 '자본주의를 싫어한다', 니체라면 '신을 싫어한다'와 같은 것이다. 혹은 '국가가 싫다'는 말을 말끝마다 되풀이하는 지식인, 문화인도 적지 않다. 이런 것을 염두에 두고 읽기 시작하면 의외로 술술 읽히게 된다.

이것은 안이하게 읽자는 것이 아니다. 논리로 무장된 것처럼 보이는 평론문도 베이스에는 저자의 개인적인 감정이 담겨 있기 때문이다. 있는 그대로 말하자면, 대부분의 평론은 자신의 감정이나 가치판단을 정당화하기 위한 글쓰기다.

그렇게 생각하면 같은 인간의 감정으로서 이해나 공감이 쉬워진다. 난해한 문장을 두려워하는 것이 아니라 오히려 '위로'하는 심정으로 읽어줄 수 있다. 생각해보면 처음부터 논리로 무장한 문장을 풀어내려고 하기 때문에 몇 개의 벽에 갇히고 마침내 미로에 빠지는 것이다.

전문 분야의 고전은 해설서부터

난해한 책으로 대표적인 것이 고전이나 학술서이다.

나는 고전을 두 종류로 나누고 있다. 하나는 세월이 지나도 계속해서 읽히는 문자 그대로의 고전, 또 하나는 20세기의 저작 등 상대적으로 새로운 것이라 하더라도 명저로 불리는 것.

전자의 일례로 마키아벨리의 《군주론》은 한 번 읽어보기만 해서는 좀처럼 이해하기 힘들 것이라고 생각한다. 르네상스 시절의 이탈리아에서 쓰인 책이므로 당연하다. 오히려 시대나 사회가 다르기 때문에 더욱더 오늘날에도 공감이 가는 부분이 있다는 정도의 통찰을 느끼면

세상에 읽지 못할 책은 없다

그것으로 족하다. 이해하지 못하는 가운데서도 독서의 맛이 있다고 받아들이는 자세도 필요하다. 실제로 전면적으로 해독이 불가능한 것도 아니다. 아주 옛날의 책치고는 오히려 이해가 잘 가는 편이라고 생각한다.

다음으로 후자의 예로서는 개인적인 생각에서 말하자면 메를로 퐁티의 대작《지각의 현상학》을 들고 싶다. 일찍이 대학원생 시절에 프랑스어 원전과 비교해가면서 2년에 걸쳐 읽은 적이 있다. 자벌레와 같이 느린 속도 때문에 고생을 했지만 '어떻게든 이해하고 싶다'는 자세로 임했다. 대단히 깊은 철학서이며 자기 자신의 세계관을 만드는 과정으로 마치 숫돌을 가는 듯한 느낌이 있다.

그러면 이 책을 모두에게 권할 만한가 하면 그렇지는 않다. 이런 학술서를 읽기 위해서는 그에 상응하는 에너지가 필요하다. 나는 대학원 시절이었기에, 시간을 자유롭게 사용할 수 있는 시기였기에 읽을 수 있었다. 학자나 학생이라면 몰라도 일반 사회인의 경우 그런 시간을 빼는 것 자체가 어려울 것이다.

그렇다고 해도 지적 호기심이나 탐구심이라는 것은 누구나 가지고 있는 것이다. 《지각의 현상학》과 같은 철학 분야만이 아니라 과학기술 관련이나 예술 관련 등 전문성이 높은 분야에의 동경도 가지고 있을 것이다.

그런 욕구를 어떻게 채울 것인가.

그 대답으로 제시하는 것이 입문서나 해설서다. 다행히도 유명한 고전에 대해서는 전문가가 친절하게 정리한 해설서가 다수 나와 있다.

느닷없이 저자의 책으로 들어가는 것이 아니라 해설서를 통해서 접근하는 것이 이해도는 훨씬 높을 것이다. 훌륭한 해설서를 읽음으로써 본성을 점령하지 않고도 공략할 수 있을지도 모른다.

예를 들어 헤겔 철학의 해설서라면 하세가와 히로시의 《헤겔 정신현상학 입문》과 같은 명저가 있다. 하이데거 해설서라면 윌리엄 블라트너의 《하이데거의 존재와 시간 입문》이 접근하기 쉽다. 해설서가 없는 고전은 없다고 봐도 무방할 것이다.

나도 학생 시절 《세계의 명저》 《일본의 명저》와 같은 다이제스트 형식의 해설서를 꽤 참조했다. 난해한 대작의 내용을 간추려서 소개한 것으로, 대강의 내용을 파악하는 데는 도움이 된다.

이렇듯 여러 편의 고전을 한 권으로 소개하는 다이제스트 형식의 책은 이외에도 많이 있다. '세상에는 어떠한 고전이 있는가', '인류는 어

세상에 읽지 못할 책은 없다

떠한 고전을 읽어왔는가'를 아는 데에도, 초보자의 입문서로도 손색이 없다고 생각한다.

토마 피케티의 《21세기 자본》도 해설서나 잡지기사로 대강의 내용을 이해해두면 발췌독을 하더라도 대부분 이해가 될 것이다.

한편 해설서 가운데는 원전과 마찬가지로 난해한 것도 있다. 전문가가 열정을 다해 쓴 결과겠지만 일반 독자에게는 그다지 의미가 없다. 그래서 해설자나 번역자를 잘 고르는 것이 중요하다.

예를 들어 서점에서 비교해보는 것도 좋은 방법일 것이다. 번역이나 해설의 방법은 저자에 따라 완전히 다르다. 비판 기준으로서는 기본적으로 '정확한가 부정확한가', '표현이 딱딱한가 부드러운가'의 두 가지가 있다.

세상에는 '딱딱하고 부정확'한 책도 많이 있다. 그런 책은 읽어도 결국에는 '무엇을 말하고 있는지를 알 수 없게' 되어 읽어도 후회밖에 남지 않는다. '정확하고 부드러운' 것이 가장 좋지만 더불어 자신과의 궁합의 문제도 크다고 생각한다. 대강 넘겨보았을 때 문장의 의미를 알수 있으면 합격점. 나머지는 '표현은 약간 거칠지만 정확하다', '이것이 더 이해가 잘 간다'는 식으로 각자의 선호에 따라 고르면 될 것이다.

방법 2

해외 고전문학 읽기

만화판으로 시작해도 좋다

고전이라는 단어를 떠올리면 사상서나 학술서보다도 문학작품이 먼저 생각날지도 모른다. 그렇더라도 현대의 소설보다 읽기 어려운 것은 사실이다. 게다가 해외 작품이라면 시대배경이나 문화 차이, 생활습관의 차이, 번역자와의 궁합 등등 넘어야 할 장벽이 여러 가지다. 그러나 미리 포기할 필요는 없다. 좀 더 쉽게 읽기 위한 방법이 몇 가지 존재하기 때문이다.

세상에 읽지 못할 책은 없다

먼저, 접점을 찾아보자면 만화판으로 읽어보는 것이 좋다. 문자 그대로 '만화로 독파'한다고 명명한 문고시리즈로, 《카라마조프가의 형제들》을 비롯해 톨스토이의 《죄와 벌》 《전쟁과 평화》, 괴테의 《파우스트》 등도 있다.

문자량이 많은 고전을 만화로 잘 정리했다는 인상을 준다. 게다가 《카라마조프가의 형제들》을 보니 상당히 잘 만들었다. 물론 모든 문장이 다 만화화된 것은 아니지만 상당히 정교하게 스토리 골격을 갖추고 있다.

만화본을 먼저 읽어두면 번역본도 어렵지 않게 읽을 수 있다. 어느 정도 스토리를 알고 있기에 장면을 영상으로 재생하기 쉽고 등장인물의 상관관계도 알기 쉽기 때문이다. 그만큼 처음부터 끝까지 읽을 가능성이 높아진다.

이런 방법이 독서법으로서는 꼼수라고 생각할지도 모르지만 《카라마조프가의 형제들》과 같은 장편 고전문학의 경우 일생 동안 읽어보지 않은 사람이 압도적으로 많지 않은가? 또는 읽기 시작했더라도 도중에 포기하기도 한다. 그렇다면 어떠한 형태로라도 흥미를 가지고, 마지막까지 독파하는 최선책을 찾는 편이 낫다.

다만, 만화라면 무엇이든 좋다는 것은 아니다. 원래 난해한 만큼 해석이 엉터리인 것도 있고, 오히려 작품에 대한 흥미를 떨어뜨리는 것도 있다. 가능한 평판이 좋은 것을 고르기를 추천한다. 게다가 만화판으로 스토리를 알았다고 해서 그 고전을 읽었다고 보기에는 어딘가 좀 미약하다. '무릇 문학의 신은 디테일에 머문다'는 것이 내 지론이다. 좋은 작품은 행간에서 정념이나 정경이 떠오른다. 그것을 맛보는 것이야말로 문학의 진정한 즐거움이라고 생각한다. 만화판으로 고전을 읽기 시작했다면 반드시 제대로 된 번역본으로 읽고 싶어질 것이다.

해설본의 도움을 받는다

가령 도스토예프스키의 장편소설에 도전해보고 싶다면 해설본을 읽는 것도 방법이다. 해설본은 작품 내용 외에 작가의 숨은 의도까지 언급하고 있어서 흥미롭다. 예를 들면 《죄와 벌》의 주인공인 노파 살해범 '라스콜리니코프'란 이름은 러시아어로 '라스콜리니키(그리스도교 교파인 분리파)'와 '라스콜로치(쪼개어 찢다)'라는 단어와 통한다. 즉, '도끼

세상에 읽지 못할 책은 없다

로 노파의 머리를 쪼갠다'는 것을 암시하고 있다.

또한 라스콜리니코프의 본명은 '로지온 로마노비치 라스콜리니코프'인데 이니셜이 RRR이다. 러시아어로 표기하면 PPP다. P가 겹치는 이름은 러시아에서도 매우 드물지만 여기에 저자의 의도가 숨어 있다. 실제로 도스토예프스키가 남긴 창작 노트를 보면 일부러 PPP가 되는 이름을 선택한 것을 알 수 있다. PPP를 뒤집어서 보면 666이다. 신약 성서에서 말하는 악마의 숫자다.

이런 식의 정보는 번역본을 읽는 것만으로는 얻을 수 없으며, 마치 추리소설을 읽는 듯한 느낌도 든다. 자연스럽게 완역본을 읽고 싶은 마음이 든다. 고전 작품은 무수히 많기 때문에 처음에는 평이 좋은 해설본을 먼저 읽으면서 원작품으로 접근하는 방식이 좋다. 유연하게 10권에서 20권 정도의 해설본을 찾아보면 몇 권은 자신에게 맞는 것을 발견할 수 있다. 거기에서 예비지식을 축적하고 도전한다면 어떤 고전이라도 두려워 할 필요가 없을 것이다.

고전을 읽고 마음에 드는 부분에 선을 긋거나 메모를 하면 그 책은 정말로 '나만의 고전'이 된다. 그것은 그저 책장의 꽃이 아니라 인생에 있어서의 커다란 보물이 되는 것이다.

마음에 드는 번역가를 찾아라

국내 출간되는 외국소설은 뛰어난 번역가가 읽기 쉽고 알기 쉬운 우리말로 표현해준다. 일본의 경우 폴 오스터를 비롯한 다수의 미국 문학을 번역해온 시바타 모토유키가 유명하다. 특히 이 번역가는 경륜이 쌓이면 쌓일수록 더욱 읽기 쉽게 문장을 다듬는 것 같다. 지금은 미국 문학 팬이라기보다 시바타 모토유키의 번역이기 때문에 읽는다는 독자들이 있을 정도다.

독자로서는 시바타와 같은 뛰어난 번역자의 책이라면 안심하고 읽을 수 있을 것이다. 영화나 애니메이션 자막도 마찬가지다. '이 작가에는 이 번역자'라는 공식 같은 것이 있다. 그것을 발견하는 것도 독서하는 즐거움 중 하나다.

세계적인 명작에는 수많은 번역판이 있다. 제롬 데이비드 샐린저의 《호밀밭의 파수꾼》만 해도 가장 유명한 무라카미 하루키의 번역본 말고도 좋은 번역본이 많다. 어떤 것이 더 훌륭하다고 우열을 가리기보다는 독자의 기호에 따라 선택하면 된다.

다만 최근의 번역일수록 이해하기 쉬울 것이라는 생각은 섣부른 판

세상에 읽지 못할 책은 없다

단이라고 말하고 싶다. 보통 인류의 진보의 역사를 생각하면 최근에 탄생한 것이 과거의 것보다 나을 거라고 판단하기 쉬운데, 번역의 세계에서는 반드시 그렇지만은 않다. 오히려 새로운 번역에서 왜곡되거나 되레 어려운 표현으로 바뀌는 경우도 자주 있다.

그 원인은 아마도 개개의 번역자가 이전 번역자의 작품을 읽지 않았기 때문인 것 같다. '영향을 받고 싶지 않다'는 심리도 있을 것이고, '내 번역이야말로 최고'라는 자부심도 있을 것이다. 그 결과 혁신이나 진화로 계승되기 어렵다.

게다가 이것은 기호의 문제이기도 하지만 번역본은 그저 읽기 쉬운 게 좋은 것만은 아니다. 쉽고 자연스러운 문장만 추구해서 번역하면 원전의 '향기'나 '풍정'이 사라지기 때문이다.

외국 소설을 보면 그 나라가 보인다

요즘 미국 문학이 주목을 받고 있다. 예를 들어 폴 오스터나 돈 드릴로, 필립 로스 등 예전에는 거의 알려지지 않은 현대 미국 작가들이 많이 소개되고 있다. 픽션으로 분류되는 허구의 내용들이지만, 이들 소설 작품을 읽다 보면 미국이라는 나라 자체에 대한 이해로 이어진다.

이는 번역가들의 공로 덕분이며 그들이 문화전도사로서의 역할을 톡톡히 해낸다는 의미다. 특히 토코우 코우지라는 번역가는 현대문학에 관한 최신 지식을 갖고 있다. 그가 서술하는 정보는 훔치고 싶을 만큼의 가치가 있다. 그가 설명하는 내용을 그대로 전할 수 있다면 아마도 현대문학에 일가견 있는 사람으로 대접받을 것이다.

하지만 오늘날 우리 주변에서 문학에 관해 부담 없이 이야기를 나눌 만한 동료를 발견하기란 쉬운 일이 아니다. 독서량이 많이 줄어든 만큼 어쩔 수 없는 상황이다. 식사나 술자리에서 미국 소설 이야기를 꺼내면 이상하고 재수 없는 녀석 취급을 당하기 십상이다.

그런데 인터넷 공간에서라면 얘기가 달라진다. 커뮤니티가 활성화되어 있어서 같은 취미를 가진 사람을 만나기도 쉽다. 도스토예프스키를 좋아하는 사람이나 유명 번역가의 팬인 사람도 있을 것이다. 같은 취미를 공유할 수 있는 사람들 사이에서 의견을 서로 주고받을 수 있다면 자긍심도 생기게 마련이다. 그런 의미에서는 오히려 옛날보다 더나은 독서 환경이 갖추어져 있다고도 할 수 있겠다.

세상에 읽지 못할 책은 없다

초심자를 위한
원서 읽기 노하우

익숙해지는 것이 포인트

번역서를 읽는 방법에 대해 설명했으니 이제 원서를 읽는 테크닉에 대해서도 조금 이야기해보자.

영문 블로그나 신문기사 정도를 부담 없이 읽을 수 있었으면 좋겠다는 것은 누구나의 바람일 것이다. 그렇다면 원서로 트레이닝을 하는 것이 가장 좋다. 그런데 원서는 아무래도 진입 장벽이 높다는 이미지가 있다. 영문과 학생들조차도 지금까지 읽은 원서의 수를 물어보면

'10권 이하'라는 답이 압도적으로 많다.

핵심은 원서를 읽는 것이 익숙하지 않다는 것이다. 그렇다면 초심자를 대상으로 하는 원서부터 읽는 것이 좋다. 그런 책도 많이 나와 있기 때문이다. 예를 들어 원서라기보다는 영어로 된 요약본 시리즈가 있다. 동서고금의 명작들을 난이도(사용 어휘)에 따라 단계별로 분류하고 있다. 자신의 영어 수준에 맞춰서 선택해 읽으면 된다.

원서를 읽기 전에 번역본을 먼저 읽어두면 많은 도움이 된다. 초심자 레벨 수준은 말 그대로 쉬운 영어로 쓰여 있다. 게다가 스토리도 머릿속에 있으므로 차분하게 읽을 수 있다. 각각의 영문이 무엇을 의미하는지 읽으면서 술술 이해가 된다. 그 결과 조금 더 긴 문장이라도 비교적 간단하게 독파할 수 있게 되는 것이다. 영어에 익숙하지 않은 사람, 원서라는 말만 들어도 오금이 저리는 사람에게는 최적의 학습법이다.

다만 단순히 읽는 것만으로는 재미가 없다. 그래서 수업시간에 내가 번역본을 낭독하고, 학생들이 그것을 들으면서 원서를 묵독하는 패턴으로 해보았다. 학생들에게는 눈으로 보는 영문의 해석이 귀에 들리게 되는 것이다. 이런 식이라면 누구라도 술술 읽을 수 있을 것이다.

상당히 두꺼운 책이지만 수업시간에 조금씩 읽다보면 어느새 다 읽

세상에 읽지 못할 책은 없다

게 된다. 그것을 "완독했구나"라고 칭찬해주면 학생들은 자신감을 갖는다. 어설픈 방법처럼 보이지만 시도도 해보지 않고 포기하는 것보단 낫다고 생각한다. 실제로 이것을 계기로 원서를 읽기 시작한 학생들도 적지 않았다.

애거사 크리스티의 유명한 추리소설《오리엔트 특급 살인사건》의 원서《Murder on the Orient Express》를 활용하여 수업을 진행한 적도 있다. 이때는 번역본과 원서를 한 장씩 읽어나가는 방식으로 진행했다. 포인트는 모르는 단어가 나와도 일일이 사전을 찾지 말아야 한다는 것. 읽는 중간에 일일이 사전을 찾는다면 읽는 속도가 급격하게 떨어지고 마침내는 질리게 된다. 그러므로 간단히 체크하는 정도로 끝내고 나중에 한꺼번에 찾아보라고 지시를 했다. 무조건 먼저 처음부터 끝까지 읽어보는 것이 중요하다.

번역본이 머릿속에 있으면 세세한 부분은 몰라도 전체의 흐름은 이해할 수 있다. 그러므로 넘어가더라도 대세에는 영향이 없다. 이것도 날림이라고 하면 날림이지만 수단이 무엇이든 우선은 원서에 익숙해지고 친숙해지는 것이 중요하다.

오디오북의 세계

원서에 익숙해지기 위해 또 하나 추천하고 싶은 것이 이른바 오디오북 또는 낭독 CD다. 앞에서 나온 《오리엔트 특급 살인사건》을 비롯해 유명한 작품을 중심으로 많이 출시되어 있다. 번역본을 읽었다면 전문 성우가 읽어주는 오디오북을 통해 영어 공부도 하고 원서 입문의 새로운 경험도 해볼 수 있다. 오디오북으로 들으면서 원서를 읽으면 또 다른 감동을 얻을 수 있다.

로알드 달의 《찰리와 초콜릿공장》으로 시작해보는 것을 추천한다. 영어 원서도 저렴하게 구할 수 있고 삽화나 낭독 CD가 함께 수록된 것도 있다. 내가 구입한 것은 영국의 배우이자 코미디언 에릭 아이들이 낭독한 버전이다. 정감 넘치는 연극적 낭독이어서 비록 무슨 뜻인지 잘 모르는 부분도 듣고 있는 동안에는 그 세계에 푹 빠지는 듯한 느낌을 받는다. 번역본으로도 읽고, 영화도 보고, 영문도 읽으면서 들으면 제각각 느낌이 다 다르다. 난이도는 아마 중학교 3학년 정도라도 충분히 이해할 수 있는 수준이다.

게다가 '한 번 들었다고 끝'이 아니다. 좋아하는 음악을 몇 번이나 다

세상에 읽지 못할 책은 없다

시 듣는 것처럼 생각날 때 몇 번이고 다시 들어보면 영어 표현에 익숙해진다. 그리고 다시 영문을 읽어보면 머릿속에 쏙쏙 들어올 것이다.

그렇게 한 권을 마치고 나면 아무래도 자신감이 생긴다. 조금 더 높은 수준의 원서를 읽어보려는 도전 정신이 생긴다. 만전을 기하면서 그때에도 역시 낭독 CD가 수록된 책을 구입하기를 권한다.

원서를 시작할 땐 시드니 셸던

한때 시드니 셸던의 미스터리 소설이 공전의 히트를 친 적이 있다. 시드니 셸던의 책은 세계적인 베스트셀러다.

여기에는 이유가 있다. 정교한 스토리 전개는 물론이거니와 문체가 매우 쉽기 때문이다. 사실 시드니 셸던은 젊은 시절, 완성한 작품을 우선 어린 딸에게 읽게 하여 딸이 "모르겠다"거나 "어렵다"고 지적한 부분을 전부 새로 썼다고 한다. 이런 식으로 수정을 했으니 이해하기 쉬운 문장이 될 수밖에 없었을 것이다.

그러므로 영어를 모국어로 하지 않는 사람들에게도 잘 팔리는 것이다. 전 세계 어느 공항의 서점에 가도 대개 시드니 셸던의 책은 비치되어 있다. 그만큼 전 세계인의 니즈에 맞다는 것이다.

이렇게 말하는 나도 해외에 나가면 그의 작품을 많이 산다. 일본에서 가지고 가는 것은 짐이 되기 때문에 주저하지만 여행지에서라면 부담이 없다. 이동 중에나 호텔에서 시간을 때울 때, 기분전환을 할 때 매우 좋다.

가볍게 원서를 읽어보자는 사람과 무리를 하지 않고 완독을 해보고 싶다는 사람에게도 시드니 셸던의 책은 딱 맞다. 단어가 한정적이어서 초심자도 쉽게 읽을 수 있다.

다만, 시드니 셸던의 책이 특수한 예이다. 대개 영어 문학은 읽기 어려운 편이다. 셰익스피어를 비롯해 포크너나 헤밍웨이와 같은 고전도 표현이 지금과는 사뭇 다르기 때문에 좀처럼 한 번에 읽어낼 수 없다. 영어에 상당한 자신이 있다면 상관없지만, 그렇지 않다면 너무 무리하지 않는 것이 좋다. 뛰어난 번역본을 찾아 읽는 것이 작품의 세계를 즐길 수 있는 방법이기도 하다.

세상에 읽지 못할 책은 없다

방법 4

문과생을 위한
이과서적 공략법

일단 먹어봐야 맛을 안다

난해한 책의 대표 선수라고 하면 번역본과 더불어 이공계 서적을 드는 사람이 많을 것이다.

우선 '숫자에 약하다'는 사람이 적지 않다. 실제로 이과 관련 학술서는 처음부터 '어렵다'고 멀리하기 마련이다. 분명 전문서적은 상응하는 예비지식이 없으면 읽을 수 없다.

그러나 물리나 생물이나 과학기술 등 이과 분야는 놀라움의 보고다.

그것을 모르고 사는 것은 안타까운 일이라고 생각한다. '문과 체질'의 사람들이 이과서적을 읽을 때는 '몰라도 스트레스를 받지 않도록' 하는 것이 중요하다. 과학의 세계는 전문 연구자들에게도 미지의 것이 대부분이기 때문이다.

하지만 어려운 책만 있는 것은 아니다. 초심자 대상, 숫자를 싫어하는 사람 대상으로 쓰인 책도 많이 있다. 접근하기 쉬운 것부터 이야기하면, 우선 역사상 위인들의 전기를 보자. 예를 들어 퀴리부인의 전기는 성인을 대상으로 한 책은 물론 어린이를 대상으로 쓴 책, 만화까지 나와 있다. 그 가운데 어느 것을 선택해도 라듐 발견과 두 번의 노벨상 수상에 이르는 이야기는 독자의 마음을 울릴 것이다.

물리학의 스타인 아인슈타인도 데니스 브라이언이 저술한 《아인슈타인 평전》이라는 두꺼운 전기를 비롯해 상대성이론의 해설서를 포함한 많은 책이 나와 있다. 피타고라스나 뉴턴도 마찬가지다. 이런 전기부터 읽다보면 이과 서적에 대한 의식이 조금씩은 바뀌게 될 것이다.

또 에디슨의 전기도 많이 나와 있다. 그 중 하나가 닐 볼드윈의 《20세기의 발명가 에디슨》이다. 꽤 두꺼운 책이지만 에디슨의 생애를 이해하면서 자연스럽게 전기와 관련된 역사의 이해로 연결된다.

세상에 읽지 못할 책은 없다

이런 전기가 재미있는 것은 역시 에디슨의 '사람됨'을 알 수 있기 때문이다. 수없이 많은 실패를 경험했지만 그때마다 "그것은 실패가 아니라 이 방법으로는 안 된다는 것을 알았다는 의미에서는 전진이다"라고 말하는 에디슨의 에피소드는 유명하다. 또 일하다 지쳐서 "자고 싶다"는 부하에게 "이 문제를 해결하고 나서 자라"라고 대답하는 등 좋고 나쁨을 떠나 일에 대한 엄격함이 묘사돼 있다.

게다가 '기억'을 소중히 여겨야 한다는 이야기도 흥미진진하다. 스스로 '브리태니커백과사전'의 기술을 암기하거나 입사시험에서 말도 안 되는 문제를 내기도 했다고 한다. 에디슨이라고 하면 '발명왕'으로만 연상하지만, 그것을 지탱한 것이 '기억'이라는 것을 알고 나면 웃음이 절로 난다. "암기 위주의 주입식 교육은 안 된다"는 비판이 팽배하고 가르치는 내용도 점점 쉬워지는 오늘날과는 대비된다. 그러나 세계에서 가장 아이디어가 뛰어난 에디슨이 '기억이 중요하다'고 말하고 있다면 교육의 경량화야말로 비판의 대상이 되어야 할지도 모른다.

그건 그렇다고 치고 이만큼 두꺼운 책을 읽어가다보면 자신 안에 에디슨의 골격의 틀이 잡히는 착각에 빠지기도 한다. 그런 체험을 할 수 있는 것이 전기를 읽는 즐거움 중 하나이다.

과학자들의 성공담 엿보기

실패에 실패를 거듭하고 성공을 이룬 과학자들의 전기를 읽어보면 새로운 삶의 의지를 다지는 계기가 되기도 한다.

이론물리학자 유가와 히데키의 자서전《어느 물리학자의 회상》은 과학연구자의 고독과 환희를 진지하게 이야기하고 있다. 도모나가 신이치로의《물리학이란 무엇인가》는 물리학의 역사를 친절하게 설명한 명저로서, 역시 학문의 위대함을 느낄 수 있다.

비교적 최근의 것으로는 야마나카 신야의 저서도 다수 발간되어 있다. 예를 들어 노벨상을 수상한 마스가와 도시히데와의 대담을 정리한《새로운 발상의 비밀》은 읽기 쉬운데다 일류 연구자의 발상법도 알 수 있다.

이들 책에서 공통되는 점은 '읽으면 힘이 난다'는 것이다. 이른바 자기계발서가 아닌데다 대개는 실패와 고뇌의 연속이다. 그래도 지지 않고 연구에 임하는 모습은 대단히 멋지고 부럽다는 생각마저 들게 한다. '나도 최선을 다해보자'는 생각이 든다면 그것으로 충분하지 않을까.

세상에 읽지 못할 책은 없다

게다가 원래 이공계 연구자이면서 에세이 등의 저자로도 활약하는 사람도 있다. 수학자인 후지와라 마사히코가 그 전형이다. 《천재수학자들의 영광과 좌절》에서 펼쳐지는 장대한 인간 드라마는 조용하게 독자의 심금을 울린다.

이 책들을 읽어본다면 우선 '이과 알레르기'는 벗어날 수 있을 것이다.

이공계 사고의 기초는 데카르트

이공계의 세계를 좀 더 체계적으로 알고 싶다면 입문서로 철학자 데카르트의 《방법서설》을 권하겠다. 어려운 타이틀이지만 두께는 150페이지가 안 되고, 심오한 이야기도 나오지 않는다. 고전치고는 읽기 쉬울 것이다.

"나는 생각한다, 고로 존재한다"는 말로 유명한 데카르트가 어떻게 사고를 정립했는지를 설명해놓은 책이다. 기본은 '명백하게 옳다는 것을 제외한 모든 것을 철저하게 배제한다'는 자세이다. 일견 당연한 말이지만 그 길을 탐구한 데에 데카르트의 가치가 있다.

그 발상은 어떤 의미에서는 부처에 가깝다. 불안이나 후회라는 우리들의 생활에 항상 붙어 다니는 부정적 정서에 맞서 지성으로 싸우려는 것이다. 어떤 일로 고민하고 있을 때, 모든 정보를 취합하고 의심하고 철저하게 생각해서 결론을 낸다면 두 번 다시 미혹할 일이 없다. 타인에게 조언을 구한다면 가능한 한 식견이 뛰어난 사람의 보수적인 이야기만을 듣는다.

이것은 숲속에서 길을 잃은 때를 생각하면 이해하기 쉽다. 여기저기를 방황하거나 극단적인 말을 하는 사람을 따르다 보면 대부분 제대로 되는 법이 없다. 하나의 방향을 정해서 가다 보면 언젠가는 출구를 찾기 마련이다. 인간은 생각하는 힘만 있으면 마음의 불안에서 해방될 수 있다는 것이다.

이것은 이공계의 이야기와는 아무런 관계가 없는 것처럼 보이지만 사실은 이것이 학문의 기본적인 사고법이다. 사상을 합리적으로 판단하기 위해서는 정보의 정밀한 조사와 의심하는 자세가 필수적이다. 이성과 지성에 의해 세상의 진리를 찾으려는 시도는 모두가 알아두어도 손해는 아닐 것이다.

세상에 읽지 못할 책은 없다

우리들이 숫자로 배운 '좌표'의 개념을 창안한 사람이 데카르트다. 그 원점에 서 있는 것은 신이나 태양이 아닌 자기 자신이다. 자신을 중심으로 세상을 위치시킨다는 발상에서 나온 것이다. 아직 신의 존재가 압도적인 힘을 가지고 있던 17세기 전반의 사회에서 이것은 획기적인 선언이었다.

또 수식에 'a(정수)'나 'x(미지수)'와 같은 알파벳을 사용한 것도 데카르트였다. '그 덕분에 학창시절에 고생 좀 했다'는 사람도 있겠지만 과학의 세계에서 데카르트의 공적이 얼마나 큰가를 알 수 있다.

그러므로 《방법서설》을 읽으면 약간은 자신의 수준이 올라갔다는 것을 실감할 수 있다. 가능하면 2~3개월을 두고 그의 사고법에 젖어보기를 바란다. 《방법서설》과 같은 베이스를 몸에 익히면 이공계 책도 술술 읽을 수 있을 것이다.

과학의 이면에 숨겨진 드라마

이공계 관련 해설서의 전형은 역시 '블루백스(전문적인 내용을 알기 쉽게 풀이한 고단샤의 과학계몽시리즈—옮긴이)' 시리즈다. 내가 중학생이던 시절 엄청나게 유행했었다. '블루백스를 읽다니 멋지다'고 누구나 생각했던 시절이기도 했다. 난이도도 중고생이면 이해할 수 있는 수준이었기에 흥미를 갖고 읽을 수 있었다. 정말로 소중한 입문서라고 생각한다.

샘 킨의 《사라진 스푼》《바이올리니스트의 엄지》와 같은 책도 추천하고 싶다. 과학적 지식은 물론이고 그 이면에서 숨겨진 역사적 수수께끼를 파헤치는 것뿐 아니라 중상과 모략, 갈등과 논쟁이 난무한 과학자 사회의 모습이 마치 역사소설처럼 펼쳐진다. 〈뉴욕타임스〉 베스트셀러, 아마존 최고의 책에 선정될 만큼 딱딱한 과학적 소재를 맛깔스럽게 다루는 저자의 능수능란한 글 솜씨가 돋보인다.

또 과학계의 전체상을 알고 싶다면 가마타 히로키의 《세계를 움직이는 과학의 고전들》과 같은 책이 좋을 것이다. 여기서 관심이 가는 분야를 선택해서 파고 들어가면 흥미진진한 여행이 될 것이다.

또 과학 분야 전문 작가인 사이먼 싱의 《페르마의 마지막 정리》《비밀의 언어》 등도 읽을거리로 손색이 없다. 모두 이공계 세계가 무대이지만 '지적 흥분'이란 무엇인가를 실감할 수 있다.

좀 더 본격적인 이공계 서적을 들면, 러처드 도킨스의《이기적 유전자》가 세계적으로 유명하다. '인간은 유전자의 꼭두각시다'라는 전제를 펼치면서 기존의 인간관을 뒤엎은 혁신적인 책이다. 전부를 다 읽는 것은 어렵더라도 일부를 넘겨가면서 읽는 것만으로도 상당한 '자극'이 될 것이다.

과학의 세계는 경쟁의 세계이기도 하다. 게다가 그다지 공정하지도 않다. 유전자 DNA가 이중나선구조임을 밝혀 노벨상을 수상한 것은 제임스 왓슨과 프랜시스 클릭, 모리스 윌킨스, 이 세 사람이다. 이 가운데 왓슨이 저술한《이중나선》은 발견에 이르기까지의 경위를 상세히 설명한 세계적인 베스트셀러이다.

그런데 사실은 이들보다 먼저 DNA가 이중나선구조임을 보여주는 X선 사진을 촬영하는 데 성공한 여류 과학자가 있었다. 그는 로잘린드 프랭클린이다. 여기서 세 사람의 업적에 대한 의심이 생긴다. '프랭클린의 사진을 훔쳐본 것이 아닌가', '진정으로 상을 받아야 하는 사람은 프랭클린이 아닌가'라는 것이다. 어지러운 인간관계의 문제도 있고, 또 프랭클린이 젊은 나이에 죽은 탓도 있어서 진상은 알 수 없다. 그러나 브렌다 매독스가 프랭클린을 옹호하는 입장에서 쓴《로잘린드 프랭클린과 DNA》같은 책도 나와 있다.

책의 중심 내용은 고도의 과학을 다루고 있긴 하지만 그 안에 복잡한 인간드라마도 들어 있다. 이러한 면에서 과학을 탐구하는 것도 또 다른 즐거움일지 모르겠다.

확실히 기억에 남기는 독서법은 없나요

Q: 어려운 책을 겨우 다 읽었는데 머릿속에 남는 것이 하나도 없는 것 같습니다. 독서노트를 작성해보기도 했지만 좀처럼 지속하기가 어렵습니다. 읽은 내용을 기억에 남도록 하는 독서법은 없나요? (20세, 여성, 학생)

A: 읽은 것을 바로 잊어버리는 것은 어떤 의미에서는 방법이 없습니다. 오히려 모든 것을 다 기억한다면 대단한 두뇌의 소유자라고 할 수 있겠지요.

그렇다고는 해도 다 잊어버리면 아깝지요. 전부는 아니라고 해도 어느 정도 그 책의 핵심이나 놀란 부분, 감동한 내용 등은 기억하는 게 좋겠죠.

그러면 어떻게 할 것인가. 우선 저는 독서노트 같은 것은 전혀 작성하지 않습니다. 독서량이 많은 만큼 다 정리하자면 한도 끝도 없고, 원래 귀찮은 것을 싫어하기도 합니다.

다만 독서 중인 책에 메모를 많이 합니다. 키워드나 키프레이즈에 동그라미를 하거나 중요한 부분에 밑줄을 긋습니다. 또 그렇게 '더럽힌' 책은 팔거나 버리지 않고 서가나 서고에 보관해둡니다(이런 책은 팔 수도 없기는 합니다).

그렇게 하면 평상시에는 잊고 지내다가도 그 책의 표지를 보거나 책을 펼쳐 메모한 곳을 읽으면 그 자리에서 내용이 생각이 납니다. 이건 누구나 가능한 가장 간단한 기억법이 아닐까요.

게다가 기억을 강화하는 방법도 있습니다. 다른 사람에게 책의 내용을 소개하는 것입니다. 아니, 처음부터 누군가에게 이 책을 소개하겠다는 마음으로 책을 읽는 것이 좋다고나 할까요. 긴장감도 있고, '포인트를 잡자'고 의식하면서 읽기 때문입니다.

어느 일부분만을 그대로 암기해서 전달하는 것은 소개가 아닙니다. 자기 나름대로 씹어서 자신의 언어로 말할 필요가 있습니다. 이 변환 작업이야말로 기억을 정착시키는 강력한 툴이 됩니다.

사실 이것은 미국의 수학자 노버트 위너가 실천한 기억법입니다. 그는 '사이버네틱스이론'이라는 오늘날의 정보 시스템의 기초를 구축한 인물인데 연구소 안에서 사람들과 만날 때마다 '지금 이런 연구를 하고 있다', '이 점이 훌륭하다'고 계속해서 말했다고 합니다.

상대방의 입장에서는 최첨단 연구 상황을 알려준 것이니 상당히 운이 좋았다고도 할 수 있습니다. 그러나 위너의 목적은 상대방에 대한 서비스가 아닙니다. 본인의 연구내용을 정리하고, 의식하기 위해서였습니다. 다른 사람에게 이야기함으로써 오히려자신이 무언가를 깨닫거나 힌트를 얻는 경우도 있습니다.

이것은 우리들도 일상생활에서 누구나 경험하는 것이 아닌가요. 남에게 무언가를 설명함으로써 머릿속이 정리되거나 마음이 차분하게 가라앉는 것입니다. 그것을 책을 읽은 뒤에 적극적으로 실천하면 됩니다.

예를 들어 가족이나 친구나 동료와의 잡담 중에 '이 책이 재미있다'라고 소개를 해봅니다. 이야기에 끼어들 타이밍을 잡는 것이어려울지도 모르지만 효과가 있을 것입니다.

다만 계속해서 이런 이야기만 하면 아무래도 싫어합니다. 길어야 30초 이내에 마무리하는 것이 좋을 것입니다. 반대로 말하자면 30초 정도에 요점을 정리하지 않으면 안 된다는 것입니다. 그작업이 뇌를 단련시키고 기억력을 향상시킵니다.

또 '이야기'하는 것이 아니라 '쓰는' 것도 좋습니다. SNS나 블로

그에 기록을 남기는 것도 좋고, 아마존 등에 리뷰를 남기는 것도 좋습니다. '이야기'하는 것보다 에너지는 필요하지만 그만큼 확실하게 정리가 됩니다(인터넷에 리뷰를 쓸 때의 주의사항은 제5장에서 언급하니 참고해주세요).

세상에 읽지 못할 책은 없다

딸이 고전을 읽었으면 좋겠어요

Q: 초등학교 5학년인 딸은 독서를 좋아하기는 합니다만 읽는 책이 '마녀 ○○○'라든가 '파티시에 ○○○'과 같은 유행만을 따라가는 가벼운 읽을거리뿐입니다. '빨강머리 앤'이나 '폭풍의 언덕'과 같은 고전 명작을 읽었으면 하는 것은 그저 부모의 욕심일까요?

(50세, 남성, 의사)

A: 초등학교 5학년이라면 감수성이 풍부할 때지요. 자기가 보는 것이나 자신과 관계가 있는 모든 것에서 자극을 받고 흡수하면서 자아를 구축해갑니다. 책을 읽으면 활자로부터 많은 것을 배웁니다. 풍부한 상상력이나 자유롭게 생각하는 능력 등도 기를 수 있습니다. 그런 만큼 아이가 어떤 책을 읽는지 관심을 갖는 것은 자연스러운 것입니다.

그러나 기본적으로 어떤 책을 읽든 상관없다고 생각합니다. 책과 친해질 수 있다는 것만으로도 훌륭합니다. 독서란 활자를 눈으로 쫓아가면서, 머릿속으로 스토리를 전개하는 상당히 지적인 작업입니다. 독서를 '좋아한다'는 것은 장래도 꽤나 유망할 것이라고 생각합니다.

'마녀 ○○○'이나 '파티시에 ○○○' 유의 노선은 아마도 '파랑새문고'에 있을 만한 라인업이네요. 표지 디자인이 만화풍이고 스토리 전개도 가벼워서 읽기 쉬워 폭발적으로 팔리고 있는 것 같습니다. 그것도 당연한 것입니다. 국내나 세계의 고전도 어린이 대상으로 라인업에 들어 있기 때문에 점차 그쪽에도 흥미를 가질지도 모릅니다.

예전에 '파랑새문고' 애독자인 아이들 10여 명과 이야기를 나눌 기회가 있었습니다. 그들은 연간 200~300권의 책을 읽는다는군요. 요즘 아이들은 책을 읽지 않는다는 말도 있지만 사실은 그렇지만도 않습니다. 읽는 아이들은 엄청 읽습니다. 어느 정도 익숙해지면 조금 더 수준이 높은 책도 읽고 싶어 할 것입니다. 부모로서 특별히 초조해 할 필요는 없다고 생각합니다.

더구나 아이들 대상으로 한 고전은 대개 초역입니다. 저도 어린 시절 톨스토이의 《부활》을 읽고 자랑스러워 하다가 나중에 그것이 초역이라는 것을 알고 놀란 적이 있습니다. 정식 번역본은 아

세상에 읽지 못할 책은 없다

무래도 아이들에게는 어렵기 때문에 지금 생각해보면 당연한 것인데도 말이지요.

그러나 관점을 달리하면 난해한 세계명작을 어린이들도 읽을 수 있도록 가공해서 출판하는 문화가 있다는 것입니다. 그 풍요로움을 천천히 즐기면 되리라 생각합니다.

제5장

나에게 좋은 책을
고르는 법

고민

:
:
:

'신간이 너무 많이 나와서 고르기가 어려워.'

'인터넷 리뷰, 믿을 수 있을까?'

방법 1

새로 나온 책을
자주 접하기

신문 광고도 일종의 정보다

최근에는 신문을 구독하지 않는 집이 늘어나고 있다. 각 신문사의
발행 부수가 감소하는 것만 보더라도 그것은 사실인 것 같다. 인터넷
의 영향이 커지면서 이런 추세는 심화될 것이다.

그러나 좀 더 사실을 상세하게 알고 싶거나, 세상에서 일어나는 일
을 총체적으로 파악하고 싶다면 신문만큼 좋은 미디어는 없다. 사회인
이라면 적어도 하나는 구독해야 한다고 생각한다. 학생들에게도 그렇

게 지도하고 있다.

　게다가 신문에는 커다란 메리트가 있다. 지면의 하단에 있는 책 광고가 그것이다. 이것을 매일 보고 있으면 어떤 책이 발행되고 있는지, 어떤 책이 평판이 좋은지 대강은 알 수 있다. 서적의 광고를 보는 것만으로도 신문을 볼 가치가 있다는 생각이 든다.

　책은 다른 미디어와 달리 스스로 관심을 가지지 않으면 그 동향을 알 수 없다. 자신에게 유익한 신간이 나와도 모르고 넘어가는 경우가 다반사다. 그렇게 하지 않기 위해서는 신간 정보를 항상 수집하려는 노력을 기울여야 한다. 가장 좋은 수단이 신문이 아닐까.

　구독할 수 없다면 적어도 짬짬이 신문 읽을 시간이라도 만들기를 바란다. 회사에서나 도서관, 혹은 자주 가는 식당에서도 신문은 흔히 볼 수 있다. 기사를 읽다가 하단의 광고를 보는 습관을 들이면 우선 신간에 관해서는 어느 정도 동향을 파악할 수 있을 것이다.

　그리고 어느 신문이나 일주일에 하루 정도는 책 소개에 많은 지면을 할애하고 있다. 신간을 소개하거나, 서평을 싣거나, 저자와 인터뷰를 하는 식이다. 광고가 아니라 기사이므로 신문사로서도 적당히 책을 소개할 수는 없는 노릇이다. 덕분에 어깨에 꽤나 힘이 들어간 학술서나 마니아들이나 좋아할 만한 책이 언급되는 경우도 있지만 개중에 관심이 가는 책이 있기 마련이다.

나는 아침 뉴스 프로그램의 캐스터를 한 적도 있어서 주요 신문을 다 보는 것이 습관이 되었다. 그러는 가운데 무의식적으로 내 자신이 서적 광고에만 집중하는 때가 있음을 깨달았다. 책에 대한 정보는 놓치고 싶지 않다는 의식이 작동한 탓이리라. 지금도 재미있을 것 같은 책을 발견하면 바로 서점에서 사거나 주문하는 것이 생활화되어 있다.

다만 어디까지나 광고이므로 반드시 기대를 충족한다는 보장은 없다. 과거에 읽은 적이 있는 저자의 책이라면 실패 확률이 적겠지만 그렇지 않은 경우 인터넷상에 있는 리뷰나 별점의 숫자를 보고 참조하는 것도 좋을 것이다.

도서 리뷰 가려 읽기

여기서는 인터넷 리뷰의 올바른 사용법과 독해법을 알려주겠다. 평가의 평균점이 낮거나 '너무 어렵다'는 의견의 많은 책은 일단 피하는 것이 무난하다.

리뷰를 읽을 때는 약간의 주의가 필요하다. 극단적으로 폄훼하는 표현도 가끔 있지만 그것이 한두 사람인 경우라면 무시하는 것이 좋다. 그들에게는 그렇게 하지 않으면 안 되는 개인적인 사정이 있다고 생각되기 때문이다. 원래 저자를 싫어하거나 자신의 독해력이 없음을 탓하지 않고 오히려 저자를 탓하는 경우를 생각할 수 있다.

같은 이유로 극단적으로 칭송하는 리뷰도 반만 믿는 것이 좋다. 스키점프의 채점과 같이 '최고점'과 '최저점'을 빼고 읽으면 보다 정확한 평가를 할 수 있을 것이다.

이처럼 인터넷의 리뷰라는 것은 하나나 둘 정도만 읽어서는 오해를 낳을 가능성이 있다. 가능한 한 많이 읽어보고 거기에서 독자들의 공통적인 의견을 파악해야 한다. 몇 개 읽다 보면 리뷰 그 자체의 선악이나 쓴 사람의 독서력을 파악할 수 있게 된다. 나는 이것을 '리뷰 감'이라고 한다.

반대로 여러분들이 리뷰를 작성할 때 꼭 의식할 것이 있다. 바로 부정적인 발언을 피하는 것이다. '괜히 샀다'는 책도 있겠지만 그러한 리뷰는 읽어서 기분 좋은 것은 아니다. 바로 잊기 위해서라도 그런 내용은 피하는 것이 좋다.

또 완독하지 않아도 리뷰를 쓸 수 있다. 일부분만을 읽고 '이 부분이 좋다'거나 '이 부분이 마음에 와 닿았다' 같은 내용으로도 충분하다. 전체를 읽고 소개하는 리뷰도 좋지만 자신의 감정의 떨림을 표현한 리뷰가 더욱 '독자'의 마음을 휘어잡을 수 있다.

나에게 맞는 '서평가'를 찾자

신문이나 잡지의 서평, 인터넷의 리뷰 등 매일같이 넘쳐나는 기사가 많기 때문에 이를 따라가기도 쉽지 않을 것이다.

그것을 해결하는 한 가지 방법이 기사의 작성자를 보는 것이다. 감성이 나와 닮은 친구로부터 '이 책이 재미있었다'고 소개를 받으면 확실하다고는 못해도 어느 정도는 나와도 맞을 것이다. 마찬가지로 자신이 신뢰할 수 있는 전문가나 저명인이 서평에 언급한 책이라면 아무래도 재미있게 읽을 수 있을 것이다. 그래서 누군가의 서평을 읽고 산 책이 재미있었다면 한동안은 그 서평가의 서평을 따라 읽어보는 것도 좋다. 힘들이지 않고 재미있는 책을 발견하게 될 것이다.

물론 그런 서평가가 한 명이라는 것은 아니다. 국내 문학은 이 사람, 미스터리는 이 사람, 해외 문학이라면 이 사람과 같이 역할 분담을 하면 된다. 은밀한 나의 영지에 파견한 대리인이라고 생각하면서 말이다.

서평은 신문이나 잡지에만 실리는 것은 아니다. 책을 소개하는 책, 즉 북가이드도 있다. 예를 들어 에세이스트이며 러시아어 통역으로도 활약하는 요네하라 마리의《대단한 책》도 그 중 하나다. 과연 '무엇이 대단하단 말인가' 기대하며 책을 읽어볼 마음이 생긴다는 것이다. 그 책에서 언급되는 책의 수는 매우 많다. 소설만이 아니라 논픽션이나 에세이가 많을지도 모르겠다. 다른 말로 하면 대단한 책은 소설만이 아니며, 자신의 견문을 넓힌다는 의미에서도 즐길 수 있을 것이다.

이러한 '서평서'는 서평가의 이름을 가진 사람이나 독서가인 저명인 등에 의해 많이 출판되어 있다. 감성이 맞는 사람을 발견하면 그는 내게 맞는 책을 추천하는 큐레이션이라고 생각하면 된다. 어떤 사람이 나와 맞을지 찾아보는 것도 재미를 더할 것이다.

서점은 정보의 보고

신문과 같은 신간 서적의 보고는 문자 그대로 책을 위한 공간인 서점이다. 모든 서점에는 대개 평대에 신간이 전시되어 있다. 혹은 비슷한 테마의 책을 모아 '코너'를 만들어둔다. 최근에는 점원들이 손 글씨로 만든 팝업 광고도 자주 보인다. 서점은 단순히 책을 파는 것만이 아니라 어떤 의미에서는 정보발신기지가 된 것이다.

특정한 책을 사기 위해 서점에 갔다 하더라도 반드시 그 주변의 다른 책들도 눈에 들어오기 마련이다. 표지가 보이지 않게 꽂혀 있는 책 중에서도 좋은 책을 발견하기도 한다. 이러한 우연한 만남은 서점에 방문해야만 가능하다.

대형 서점 안을 어슬렁거리다보면 어떤 의미에서는 이 세상의 넓이에 놀라게 된다. 자신이 알지 못하는 분야가 이렇게도 많은가에 대해 새삼스럽게 느낄 수 있다.

당연히 실물을 손에 집어 들어 직접 읽어볼 수도 있다. 그렇다고 전부 서서 읽을 수는 없으니 그 책이 어떤 책인지 빠른 시간 안에 판단하는 훈련도 된다. 그 작업을 반복하다 보면 단시간에 강렬한 자극을 받기도 한다. 뇌를 활성화하는 데 서점은 아주 좋은 장소이기도 하다.

나 자신은 인터넷으로 책을 구입하는 경우도 많지만 시간이 있으면 직접 서점으로 가려고 한다. 그것은 책을 사는 목적만이 아니라 이러한 자극을 받고 싶어서다.

그리고 이런 경험을 할 수 있는 곳은 신간을 취급하는 서점뿐이다. 고서점이나 도서관에서는 맛볼 수 없다. 이제 막 나온 책, 처음으로 독자의 손을 기다리는 책이 있기에 거기에 팽팽한 긴장감이 있고, 에너지가 있다. 한편 고서점이나 도서관에서 머물러 있는 책들은 아무래도 잠들어 있다는 인상이 있다. 그래서 무가치하다는 것이 아니지만 '읽어보고 싶다'는 욕구가 좀처럼 생겨나지 않는다.

모처럼 책을 만난다면 원기를 북돋워주는 것이 좋다. 사람과 사람 사이의 만남도 마찬가지가 아닐까.

도서관에서 '맛보기'

도서관 이야기가 나왔으니 언급해두고 싶은 것이 있다.

나는 서점에서 책을 사는 것을 일종의 투자라고 생각한다. 그것은 지식을 흡수한다는 의미에서의 '자기투자'이기도 하지만, 또 하나 출판문화를 지킨다는 의미도 있다.

도서관에는 유명 작가의 신간이나 화제의 책이 항상 '예약대기' 상태인 경우가 많다. 조금 나쁘게 말하자면 '공짜로 읽고 말자'는 사람들이 그만큼 많다는 것이다.

그 마음을 모르는 것은 아니지만 이것은 두 가지 의미에서 '손해'다. 우선 독자에게는 오래 기다려서 만났지만 바로 '헤어짐'이 기다리고 있다는 것이다. 어디까지 읽었는가와 상관없이 대출기한이 되면 반납을 해야 하고, 기억에도 남지 않는 경우가 많다. 이것은 오히려 시간 낭비가 아닐까.

그리고 또 하나 저자 입장에서도 빌려보는 사람이 늘어날수록 본래 얻어야 할 수입이 줄어든다. 그것은 개인에게만 국한된 이야기가 아니라 출판업계 전체에도 마이너스다. 출판문화 자체가 침체되면 재미있는 작품도 줄어드는 형태로 독자에게 되돌아온다.

물론 '책이 팔리지 않는다'는 말이 일상화된 지금, 그 원인이 도서관 대출에만 있는 것은 아니다. 하지만 출판문화를 응원한다는 의미에서도 가능한 많은 이들이 책을 '빌리는' 것이 아니라 '사는' 것이라고 생각하고 그렇게 해주기를 바라고 있다.

나는 도서관에서 책을 절대로 빌려서는 안 된다고 말하는 것은 아니다. '사기 전에 먼저 읽어보자'는 방법은 여전히 유효하다. 예를 하나 들어보자. 내 아이가 어렸을 때 그림책이나 아동서를 좋아했다. 덕분에 책장이 상당한 면적을 차지하게 되었다. 그러나 단 한 번도 읽지 않는 그림책이 점점 늘어나게 되면서는 아무래도 낭비라는 생각이 들었다.

그래서 생각한 것이 근처의 도서관을 이용하는 것이었다. 거기에 가면 아동서 코너가 있고 선반에는 많은 그림책이 있다. 그것을 아이와 함께 둘러보면서 반응이 좋은 것을 고른다. 도서관에서 아이의 흥미를 확인하는 것은 다양한 책과의 만남의 장을 마련한다는 의미에서 대단히 중요한 것이다. 빌리고는 읽지 않고 반납하는 책도 있을 것이고, 예상외로 빠져드는 책도 있을 것이다. 그것이 책을 만나는 즐거움이다. 당시 그 도서관은 한 번에 열 권 정도를 빌릴 수 있었기 때문에 몇 권을 빌려서 집에 놓아두었다.

그러면 역시 몇 번을 반복해서 보는 책과 한 번도 보지 않는 책이 있다. 그것을 알고 나면 이제 고민은 필요 없다. 도서관에 책을 반납하고 아이가 좋아하는 책만 서점에서 사면 된다. 이 방법을 알고부터 낭비가 많이 줄었다.

다 읽은 책을 또 사는 것이 낭비라고 할 수도 있지만 내 생각은 다르다. 모처럼 즐겁게 읽을 수 있는 책과 만났는데 그 인연을 2주 만에 끝내기는 너무 아깝다. 경우에 따라서는 '평생의 인연'이 될지도 모르는 것 아닌가. 좋아하는 책은 서가에 꽂아두고 언제라도 '재회'하는 것이 좋다. 그것이 풍요로운 생활을 보내는 하나의 방법이 아닐까.

나 자신도 책과는 이런 인연을 주욱 맺어왔다. 도서관에서 책을 빌릴 때도 있었지만 그것은 나에게 '지나가는 인연'에 불과하며 그다지 진지하게 읽지 않게 되는 것도 사실이었다.

그런 점에서 직접 산 책은 진지하게 애정을 가지고 읽을 수 있다. 얼마든지 메모를 하거나, 페이지의 끝을 접거나, 나만의 용도로 변환할 수 있는 것이다. 게다가 그 책과는 평생을 함께하게 된다. 그런 책과 함께 내 자신의 생각도 커왔다고 해도 과언이 아니다.

방법 2

베스트셀러의 두 가지 장점

따끈따끈한 이야깃거리

책의 세계에는 '베스트셀러'라는 표현이 자주 등장한다. 단순히 팔리고 있는 책의 랭킹을 가리키는 경우도 있지만 기본적으로는 수만 부 혹은 수십만 부 이상 팔린 책을 말한다.

어느 정도 팔리면 출판사나 서점에서 대대적으로 광고를 하게 된다. 때로는 TV에서 소개하는 경우도 있다. 그러면 읽든 안 읽든 상관없이 많은 사람들이 이름 정도는 들어볼 것이다.

세상에 읽지 못할 책은 없다

그런 베스트셀러도 어느 정도는 읽어두는 것이 좋다. 왜냐하면 내용이 어떻든 잡담의 소재가 될 수 있기 때문이다. 상대방도 알고 있을 가능성이 높기 때문에 '그것은 재미있었다'고 이야기를 꺼내도 위화감 없이 한때를 보낼 수 있다. 연예계 이야기보다는 좀 더 문화적인 향기도 나고, 상대방도 읽은 책이라면 호감도 높아진다. 읽지 않았더라도 줄거리 정도는 알아두는 것이 좋을 것이다.

마니아를 상대로 한 책은, 예를 들어 아르헨티나 작가 호르헤 루이스 보르헤스의 《픽션들》이 정말 재미있었다거나 오스트리아 작가 로베르트 무질의 《특성 없는 남자》 같은 작품 이야기를 꺼내도 상대방이 아주 특별한 경우가 아니라면 이야기를 들으려고 하지 않을 것이다. 모르기 때문이다. 그저 '재수 없는 녀석'이라고 생각할 뿐이다. 그 점에서도 베스트셀러는 공통 언어가 될 수 있다.

반대로 말하면, 잡담의 소재 정도라면 그다지 열심히 읽을 필요는 없다는 의미이기도 하다. 밥을 국에 말아 먹듯이 술술 넘겨보면 된다. 내용이나 스토리나 결론을 파악하는 정도라면 누구와도 대화거리로 가능할 것이다.

경우에 따라서는 서점에서 10분 정도 넘겨보면서 읽는 것도 상관없다. 또 신뢰할 수 있는 서평을 몇 개 읽어보고 끝내는 것도 방법이다. '전혀 모른다'는 것과 '약간 안다'의 차이는 결국 0과 1의 차이와 같다. 0과 1의 차이는 보기에는 아주 작지만 실제로는 매우 크다. 물론 마음에 들면 구입하면 된다.

결코 베스트셀러를 얕잡아보는 게 아니다. 그러나 잘 팔린다고 해서 품질이 높은 것도, 자신에게 필요한 것이 아닐 수도 있다. 그러니 처음에는 시간이나 노력을 많이 들이지 말고 보라는 것이다.

그 대신 가능한 한 '따끈따끈할 때' 봐두는 것이 좋다. 몇 달이나 지나서 얘기하면 이미 잊힌 것도 적지 않다. 그때 가서 이야기하면 오히려 감이 둔한 사람이 될 수도 있다.

그리고 잡담으로라도 이야기할 때에는 이른바 나쁜 말은 하지 않는 것이 좋다. '그런 책 별거 아냐'라고 자신을 과시하는 말을 하고 싶은 사람도 있겠지만 그것은 오히려 자신의 도량이 협소하다는 증거에 불과하다. 인간관계도 마찬가지겠지만 나쁜 점을 말하려고 하면 얼마든지 들 수 있다. 그러나 그 가운데 좋은 점을 발견하고 칭찬하는 것이야말로 그 자리의 공기를 따뜻하게 만들 수 있는 것이다.

세상에 읽지 못할 책은 없다

베스트셀러에서 시대가 보인다

베스트셀러를 읽는 장점은 또 하나가 있다. 그 시대의 풍조나 유행을 읽을 수 있다는 것이다.

1990년대 아사다 아키라의《구조주의와 포스트구조주의》가 베스트셀러에 올랐다. 프랑스의 현대사상을 해설한 것으로 평가가 높은 책이다. 그러나 읽기에 쉬운 책은 아니고 많은 사람들이 흥미를 가질 만한 주제도 아니다. 왜 잘 팔렸는지 지금도 의문이지만 경제가 좋아지고 삶에 다소나마 여유가 생긴 탓에 '앎'에 대한 동경이 있었는지도 모르겠다.

또 수년 전에는 하버드대학교 마이클 센델 교수의《정의란 무엇인가》도 화제를 모았다. 책을 통독하는 데는 그 나름의 에너지가 필요한데도 불구하고 많이 팔린 것은 오랜 경제침체와 더불어 리먼 쇼크에 의해 세계경제에도 변화가 온 시점에 많은 사람들이 '살아갈 지침' 같은 것을 찾고 있었던 것이 아닐까.

그리고 보면 과거에 아키모토 야스시와 대담을 했을 때 '여러 분야에서 유행하는 것, 화제가 되는 것은 항상 체크한다'는 이야기를 들은 적이 있다. 팔리는 것에는 반드시 이유가 있다. 거기에서 힌트를 얻고 자신의 아이디어로 활용하는 것. 희대의 히트 메이커는 결코 혼자만 독차지할 수는 없다. 오히려 이러한 자세로 관찰하기에 계속해서 유행을 창출할 수 있는 것이다.

세상의 모든 유행을 좇는 것은 불가능하다. 각자의 생활 범위나 취미의 범위가 제한적이기 때문이다. 그렇기에 세상을 분석하거나 시류를 좇을 때 베스트셀러가 도움을 줄 수 있지 않을까.

수상작으로 새로운 분야 읽기에 도전

출판계에는 많은 작품상이 있다. 문예라면 아쿠타가와상이나 나오키상, 타니자키 준이치로상과 같은 문호의 이름을 딴 상이 있고, 최근에는 서점대상도 주목을 받고 있다. 논픽션이라면 오오야 쇼이치 논픽션상, 연구평론에는 산토리학예상이나 독매 요시노 작조상, 세계적 권위를 가진 노벨문학상이나 퓰리처상(단, 대상은 미국 작품에 한함)이 있다.

수상작이 반드시 베스트셀러가 된다는 보장은 없지만 이것도 책을 고르는 하나의 기준이 될 수 있다. 상을 받았다는 것은 적어도 일정 수준 이상은 된다는 의미다. 물론 무라카미 하루키의 작품이 아쿠타가와상이나 나오키상은 수상하지 못하는 등 세상의 평가와 다른 면이 있는 것은 사실이다. 그래도 상을 받은 작품이라면 어느 정도 주목해도 좋다. 특히 지금까지 읽은 적이 없는 분야의 책이라면 좋은 계기가 될 것이다.

예를 들어 2013년에는 화가인 야마구치 아키라의 《이상한 일본미술사》가 명망 높은 학술상인 고바야시히데오상을 수상했다. 일본사 교과서에 수록돼 있는 회화들을 독자적인 시각으로 해설한 대단히 독특한 책이다. 회화에 흥미가 없던 사람도 이것을 읽으면 호기심이 생길 것이다. '더 많은 미술 작품을 보거나 그 해설서를 보자'는 사람도 있을 것이다.

이것은 자신에게 있어 새로운 세계가 열리는 것과 마찬가지로 인생에서 커다란 자산이 된다. 수상을 계기로 이 책의 존재를 알게 되었다면 상에도 의미가 있는 것이다.

마찬가지로 예를 들어 닛케이 소설대상이나 시로야마 사부로 소설

대상 수상작들을 보면 경제나 사회현상을 알 수 있다. 퓰리처상을 받은 작품을 보면 미국의 저널리즘이 어떠한 문제의식을 가지고 있는가를 알 수 있다. 상에는 각각의 개성이 있기 때문에 이것을 체크해보면 다양한 분야와 만날 수 있다.

한 권의 책을 읽고 재미를 느끼면 같은 분야의 책을 두 권, 세 권이고 읽고 싶어진다. 거기에서 새로운 분야에 대한 관심이 파생될 수도 있다. 그렇게 넓혀가다보면 독서량이 많아지고 그 범위가 넓어지면서 책장이 풍요로워질 것이다.

그리고 어느 시점에는 모든 분야를 망라하는 날이 올지도 모른다. 그 정도가 되면 '이 세상에 태어나기를 잘했다'고 생각할 수도 있다. 이것도 독서의 장점이 아닐까?

방법 3

출판사마다의 개성을
파악하기

같은 고전도 여러 가지다

패션 브랜드가 각각의 개성을 다투듯이 각 출판사도 독자적인 컬러를 내려고 노력하고 있다. 예를 들어 문고라는 같은 판형의 책을 내면서도 라인업은 회사에 따라 모두 다르다.

이것은 독자에게는 책을 고를 때의 참고사항이 되기도 한다. 그래서 개성 넘치는 출판사에 대해 소개하고자 한다.

우선 고분샤(光文社)의 '고전신역문고'는 어려운 고전을 읽기 쉽게 만드는 데 모든 역량을 집중해 대담한 번역을 시도한 시리즈다. 무척 의욕적인 시도인데, 덕분에 도스토예프스키의 《카라마조프가의 형제들》이 누계 100만 부 이상이나 팔렸다고 한다. 카메야마 이쿠오의 번역이 읽기 쉽다는 평판도 받았다. 활자 문화가 아직 살아있음을 확인하는 계기가 됐다.

한편 중국 고전을 충실하게 라인업한 것이 가도카와(角川)의 '비기너스 클래식' 시리즈다. 《논어》《사기》 등으로 구성돼 있으며 현대어로 번역하여 쉽게 읽을 수 있도록 한 것이 특징이다. 이 시리즈를 30권 정도 읽고 나면 도서관 깊숙한 곳에 잠자고 있는 '고전문학전집'을 읽은 것과 질적으로 밀리지 않을 것이다.

물론 고전이라고 하면 옛날부터 이와나미(岩波)의 '이와나미문고'가 유명하다. 책의 수도 압도적으로 많다. 그러나 현대어 번역이 없기 때문에 통독하는 데는 어느 정도의 지식이 필요하다. 이와나미문고가 좋다는 의견도 있지만 그다지 무리할 필요는 없다. 최종적으로는 자신의 취향에 따라 선택하면 된다.

또 학술서 관련으로는 고단샤(講談社)의 '고단샤학술문고'가 유명하다. 이것도 라인업이 풍부하므로 몇 권 읽다보면 아마도 한평생 따분

세상에 읽지 못할 책은 없다

할 일은 없을 것이다. 짙은 색의 표지만 보면 딱딱할 것 같지만 대개 현대어 번역이 되어 있어서 의외로 읽기 쉽다.

이러한 전집을 읽는 메리트는 크게 두 가지가 있다. 하나는 말할 것도 없이 좋아하는 작가의 작품을 빠짐없이, 그것도 기존의 전집보다 저렴한 가격에 읽을 수 있다는 것이다. 또 하나는 전 작품의 분량을 '가시화'함으로써 '모두 읽을 수도 있겠다'는 생각을 하게 된다는 것이다. 이것은 본인에게 동기부여도 되고 완독 이후에 커다란 만족감과 자신감을 얻을 수 있다. '이 사람이다' 하는 작가를 찾았다면 도전해보자.

또 문고의 라인업이라고 하면 옛날부터 신초샤(新潮社)의 '신초문고 100선'이 유명하다. 매년 여름마다 진행되는 캠페인에서 나츠메 소세키의 《마음》이나 몽고메리의 《빨강머리 앤》과 같은 작품을 중심으로 현대의 작품을 추가한 구성으로 출간하고 있다.

나도 고교시절에 '무엇을 읽을까'를 고민했을 때 자주 참고한 기억이 있다. 무엇을 골라 보든 손해볼 일은 없다. 특히 지금까지 독서습관이 없었던 사람이라면 시작하기에 좋은 라인업으로 구성되어 있다. 그것은 마치 클래식 음악에 문외한인 사람이 '클래식 명반 100선'과 같은 리스트부터 골라 듣는 것과 같다.

외국 작품으로 시야를 넓히자

개성을 다투는 것은 문고만의 일이 아니다. 신초샤는 새로운 세계문학을 계속 소개하고 있다. 작품의 질이 높고 책 디자인에도 신경을 썼다. 예를 들어 주노 디아스의《오스카 와오의 짧고 놀라운 삶》은 퓰리처상을 받은 세계적 베스트셀러다.

또 하쿠스이샤(白水社)도 안토니오 타부키의《인도야상곡》《페르난두 페소아의 마지막 사흘》등 일본에서는 그다지 알려지지 않은 세계 명작을 소개하고 있다. 이문화 체험을 해보고 싶다면 최적의 책들이다.

대개 일본에서는 세계 문학은 그다지 인기가 없다. 그것은 '일본인에게 맞지 않다'거나 '재미없다'는 것이 아니라 원래 잘 모르기도 하고 흥미를 가지려고 하지 않은 데에 이유가 있다는 생각이 든다.

종이 한 장을 준비해 내가 읽은 소설 베스트 10을 적어보자. 그 목록 중에 세계 문학이 2~3권 이하라면 아무래도 안타까운 마음을 지울 수 없다. 해외 작품 가운데에도 재미있는 작품은 무수히 많다. 무엇이든 일부러 시야를 좁히는 것은 바람직하지 않다.

할리우드 영화를 비롯해 세계의 영화는 비교적 쉽게 받아들이는 것을 보면 해외 문학도 즐길 수 있을 것이다. 물론 소설 이외에도 뛰어난 작품이 많이 있다. 그런 책을 고를 때에도 어느 출판사에서 나온 것인가는 참고가 된다. 어느 업계나 각 기업은 브랜드 이미지를 유지하기 위해 차별화와 더불어 품질 관리에 충분히 노력을 기울이고 있기 때문이다.

예를 들어 미스즈서방은 정신의학 등 주로 학술서를 펴내는 출판사로 알려져 있는데 책 표지가 아름답고 격조 있다. 나는 그 아름다움에 매료되어 미스즈서방의 책만을 사 모은 시기도 있었다. 아우슈비츠에서 살아 돌아온 유대인 의사 빅토르 플랑클의 수기 《밤과 안개》, 메를로 퐁티의 《지각의 현상학》 같은 세계적인 명작도 이 회사에서 출판했다.

같은 저자의 책을 골라 읽고, 같은 테마의 책을 계속해서 읽는 것도 독서의 즐거움 중 하나이다. 또한 출판사나 출판사를 의식하면서 읽는 것도 새로운 저자나 테마와 만날 수 있는 방법이기도 하다. 그런 즐거움도 있어서 나쁠 것은 없으리라.

커다란 책장부터 마련하기

눈길 가는 곳에 책을 두자

대학생 중에는 방에 책장이 없는 사람도 있다. 대단히 유감스러운 사태가 아닐 수 없다. 그대로 졸업해서 사회인이 된다면 평생 책장이 없는 삶을 살 수도 있다. 책장과 책이 필수품은 아니지만 그렇다면 도대체 어떻게 자신을 연마할 것인가가 상당히 걱정이 된다.

책을 많이 읽지 않으니까 책장은 필요 없다고 생각하겠지만 반대의 경우도 성립한다. 책장이 없기 때문에 책을 읽으려는 마음이 없을지도 모른다. 일상적인 삶의 시야에 책이 없는데 읽을 마음이 들까?

그렇다면 독서습관을 들이기 위해서라도 우선 책장을 놓아두는 환경을 만드는 것이 좋다. 처음에는 책이 얼마 없을지 모르지만 미래를 생각해서 되도록이면 큰 책장을 추천한다. 텅텅 비어 있는 책장을 매일 바라보면서 '이대로는 안 되겠다', '다 채워두면 멋지겠는데'라는 생각을 하지 않을까. 책을 읽는 방법으로서는 '사도'이지만 독서습관을 몸에 익히기 위해서라면 계기는 무엇이든 좋다.

그리고 책장을 산다면 옆으로 책을 꽂아가는 일반적인 타입이 아니라 가능하면 박스형을 추천한다. 가로세로 30센티미터 정도가 일반적이다. 내 업무공간에도 한쪽 벽이 박스형 책장으로 채워져 있다.

박스형 책장의 메리트는 무엇보다 정리가 쉽다는 것. 하나의 박스마다 같은 테마의 책을 모아두면 되는 것이다. 예를 들어 이 칸에는 후지사와 슈헤이, 이 칸에는 세계사 관련, 이 칸에는 업무 스킬 관련이라는 식으로 나누어 넣으면 된다.

하나의 박스 안에는 단행본이나 대형판, 앞에는 문고나 입문서를 배치함으로써 약 40권 정도를 수납할 수 있다. 내 생각으로는 어떤 분야든 40권 정도를 읽으면 상당히 정통하게 된다. '프로'라고는 할 수 없어도 자신의 언어로 주변인에게 이야기하기에는 충분하다. 하나의 박스를 채우는 것을 목표로 같은 테마의 책을 읽어보는 것도 방법이다.

게다가 그런 책장 전체를 바라보면 자신의 뇌 안에 '사진'처럼 기억된다. 어떤 것에 관심을 가져왔는지 일목요연하게 알 수 있다. '앎의 기록'으로서 대단히 재미있는 재산이 될 것이다.

40권씩 25개 만들기

독서법으로서 '사도'에 대해 한 가지 더 제안을 하겠다. '장서 1,000권을 목표로 하라'는 것이다.

1,000권은 상당한 양이다. 그러나 박스형 책장으로 말하자면 한 박스에 40권씩 25개 분량이 된다. 그렇게 생각하면 무모한 숫자도 아니라는 생각이 들지 않는가.

숫자로 된 목표는 동기를 높인다. 야구나 테니스의 훈련에서도 '어쨌든 휘둘러'가 아니라 '1,000번을 휘둘러'라고 하는 것이 의욕을 상승시킨다. '100번씩 10세트를 하면 된다'는 계산이 서고, '그 정도라면 해볼 수 있겠다'는 생각이 드는 법이다.

마찬가지로 40권의 박스를 25개 만든다고 생각하면 된다. 바꿔 말하자면 숫자를 생각하기보다는 관심이 있는 테마를 25종류 발견한다는 것이기도 하다.

물론 하나의 테마에 여러 개의 박스를 사용해도 좋다.

그것을 시간적인 제약을 두고 하라는 말이 아니다. 오랜 시간에 걸쳐 1,000권을 채워 나간다고 생각하면 그것이 인생의 목표가 될 것이다. 책장이 조금씩 채워지는 모습을 바라보는 것은 그 나름의 쾌감이 있다. 책들을 바라보면서 읽고 싶은 마음이 더 들기도 한다.

앞에서 말한 바와 같이 한 권을 통독할 필요는 없다. 보고 싶은 부분만 발췌독을 했더라도 '완독'으로 보아도 좋다. 이것이 '1,000권'을 쉽게 달성하는 요령이다.

내 경험을 비춰봤을 때 처음에는 시간이 걸리지만 익숙해지면 점점 스피드가 빨라진다. 아마 500권 정도를 달성하면 나머지 500권은 그때까지 걸린 시간의 절반이나 3분의 1 정도의 노력으로 달성할 수 있을 것이다.

그리고 1,000권이 넘어가게 되면 꽉 채워진 책장을 바라보며 만족

하면서도 그것이 하나의 통과점에 불과하다는 것을 깨닫게 된다. 독서를 습관화하면 가속도가 자연스럽게 붙을 것이다.

내 장서는 업무와 관련성도 있어서 1만 권을 훌쩍 넘어서고 있다. 이렇게 되면 이미 숫자는 의미가 없다. 그것보다도 어떻게 수납할 것인가에 골머리를 앓는다. 그래도 아직 부족한 것 같다. 읽으면 읽을수록 더욱더 '읽고자 하는' 마음이 커진다. 그것은 내가 보증할 수 있다.

:: 독서 고민 상담 ⑧ ::

아들이 게임만 하고 책을 읽지 않아요

Q: 중학생인 아들은 태블릿 단말기로 게임이나 SNS만 합니다. 국
어를 가장 못하고 독서를 전혀 하지 않습니다. 그런 아들도 쉽
게 읽을 수 있는 책을 소개해주세요.(38세, 여성, 주부)

A: 중학생의 경우엔 부모님이 어느 정도 시간을 통제하는 것도 필
요합니다. 아직 스스로 자신의 욕구를 통제하기 어려운 시기입
니다. "게임만 해서 되겠니?", "SNS는 끝도 없단다"라고 주의를
줄 필요가 있다고 생각합니다.

그렇다고는 해도 게임이나 SNS를 완전히 금지하는 것은 역효과
를 부를 수 있습니다. 식사와 마찬가지로 밸런스가 중요합니다.
스낵이나 과자만 먹는 것은 몸에 좋지 않은 것처럼요. 게임만 하
면 정신이 자라지 못합니다. 그래서 공부도 필요하고 독서도 필
요한 것입니다. 우선은 그렇게 설득을 해보세요.

다만 공부와는 달리 독서는 원래 재미있는 것입니다. 그 재미를

알려주는 것도 부모님의 역할입니다. 그러기 위해서는 일단 책을 읽는 습관을 들이는 것이 중요합니다. 활자의 종류는 묻지 말고 읽기 쉬운 책, 재미있는 책을 권해주는 것이 좋을 것입니다. 물론 본인 취향의 문제도 있지만 중학생이 알고 있는 출판정보에는 한계가 있습니다. 그래서 부모님이 소개하는 것이 의미가 있습니다. 그 가운데 맞는 것을 만나면 되는 것이지요. 한 권이라도 재미있게 읽고 나면 나도 할 수 있다는 자신감이 생기고, 이 작가의 다른 책도 읽어보자는 마음이 드는 것입니다.

또 히가시노 게이고의《탐정 갈릴레오》를 비롯한 갈릴레오 시리즈도 즐겁게 읽을 수 있는 책입니다. 오쿠다 히데오의《인 더 풀》등의 '이라부 이치로 선생 시리즈'도 재미있습니다. 우리 아이들은 중학생 시절 완전히 푹 빠져 있었습니다.

최근에는 젊은 감각의 여성 작가도 등장하고 있습니다. 미우라 시온의《배를 엮다》나 니시 가나코의《사라바》등도 좋은 작품입니다.

이런 책이 싫다면 만화책이 좋을지도 모릅니다. 저도 지금까지 많은 만화를 보았습니다. 만화를 일반적인 책보다 한 단계 아래로 보는 경향이 있습니다만 저는 그렇게 생각하지 않습니다. 그

세상에 읽지 못할 책은 없다

림이 있다고 해도 등장인물의 감정이나 스토리 전개는 스스로 상상해서 메워 넣지 않으면 안 됩니다. 그런 의미에서는 상상력도 기를 수 있고, 정신을 안정시키는 효과도 있습니다.

게다가 만화의 중심은 대사입니다. 간결하게 표현할 필요가 있기 때문에 한마디 한마디가 세련되었고 마음에 상당한 울림을 줍니다. 마치 희곡의 대사와 같은 것입니다.

그러나 지금 셰익스피어의 《멕베드》나 《햄릿》 등의 희곡을 읽는 사람은 거의 없겠지요. 마음먹고 읽으면 그 세련된 언어에 감명을 받을 것입니다만 그것을 아는 사람은 드뭅니다.

그 대신 희곡에 가까운 파워를 가지고 있는 것이 만화라고 생각합니다. 적어도 만화를 읽음으로써 언어능력을 재인식할 수 있지 않을까요.

요즘에는 이사야마 하지메의 《진격의 거인》이나 오다 에이치로의 《원피스》가 큰 히트를 치고 있습니다. 그보다 앞서서는 이오누에 다케히코의 《슬램덩크》가 붐을 일으켰죠. 또는 사이토 다카오의 《고르고 13》을 읽고 복잡한 국제 정치에 흥미를 가지는 경우도 있습니다. 무엇이든 읽고 집중하는 것이 책을 읽는 습관의 첫걸음이라고 생각합니다.

문제는 만화의 경우 권수가 많다는 것입니다. 《진격의 거인》은 연재 중인데 현재 15권 이상이 나왔고, 《원피스》는 70권 이상으로 연재 중이며, 《고르고 13》은 170권 이상으로 연재 중입니다. 읽는 데 드는 비용도 만만치 않습니다. 그러나 만화는 들이는 가격 대비 성능은 매우 크다고 생각합니다. 단가가 비교적 저렴하고, 몇 번을 다시 보기도 합니다. 게다가 가족들이 돌려 읽는 경우도 많습니다. 산다고 해도 결코 손해는 아니라는 생각을 가지시길 바랍니다.

마지막으로 게임에 대해서도 한 말씀 드리고 싶습니다.

엔터테인먼트 성격이 강하다는 의미에서는 소설보다 게임이 나을지도 모릅니다. 게임에도 상당한 스토리가 있고, 최종 스테이지에서 맛보는 감동도 있기 때문입니다. 24시간 게임만 하는 것도 문제입니다만 어느 정도는 휴식거리가 된다고 봅니다.

그러나 기억할 것은 게임과 소설은 근본적으로 '감동'의 종류가 다르다는 것입니다. 활자의 가장 큰 특징은 인간의 마음을 깊이 파고들어 세세하게 묘사할 수 있다는 것입니다. 영상기술이 아무리 발달해도 활자에 비할 바가 아닙니다. 그것은 우리들의 일상 감정의 흔들림을 떠올려보면 알 수 있을 것입니다. 24시간 내

내 화를 내거나 울고 있는 것은 아니지만 약간의 위화감을 느끼거나, 상대방에게 신경을 쓰느라 피곤하거나, 자신의 생각을 제대로 전달하지 못해 안달하거나 하는 일은 다반사라고 생각합니다. 그러한 미묘한 기분을 표현하는 데 활자 이상의 수단은 없습니다.

그래서 존재하는 것이 소설입니다. 엔터테인먼트에 충실한 작품도 많습니다만 소설은 '인간의 내면을 어떻게 묘사하고 있는가'에 가치가 있는 것이라고 생각합니다.

도스토예프스키가 '세계 최고의 소설가'라고 칭송받는 것은 스토리의 정교함도 있지만 인간을 다루는 서술의 깊이가 남다르기 때문입니다. 등장인물들의 아주 작은 행동의 배경에 있는 심층적인 심리를 언급하는 그 묘사가 세계 독자들의 심금을 울리는 것입니다.

도스토예프스키를 읽는 게 어렵다면 다자이 오사무의 장편소설도 좋습니다. 《인간실격》《만년》《사양》 등을 읽으면 '활자만으로도 세계를 표현할 수 있구나' 하고 느낄 수 있을 것입니다. 언뜻 보면 바보 같은 언행이라도 그 배경에는 인간의 따뜻함이나 아름다움이 담겨 있습니다. 독자는 그것을 보고 등장인물에 친

근감과 애정을 느끼는 것이지요.

아무리 게임에 '감동'이 있다고 해도 이런 경험은 불가능합니다.

게임의 스토리에 감동할 수 있는 감성이 있다면 좋은 소설을 읽었을 때 더욱 깊게 감동할 수 있는 법입니다. 그런 경험을 못 한다는 것이 오히려 안타까운 일이겠지요.

수영장에서 수영을 하는 것도 재미있지만 기왕에 수영 실력이 있다면 바다에 나가보는 것이 좋겠지요. 깊은 바다에서 잠수해 보면 그만큼 깊은 감동이 있을 것입니다. 현실의 바다는 위험하지만, 소설에서는 그 무엇도 가능합니다.

세상에 읽지 못할 책은 없다

고등학생이 특정 분야만 읽어요

Q: 고등학생 아이의 책장을 보고 충격을 받았습니다. 약간 외설적
인 표지의 책이나 전쟁을 미화한 우익 계열의 소설만이 가득했
습니다. 대단히 걱정스럽습니다. 어떻게 하면 좋을까요?(45세,
여성, 파트타이머)

A: 최근의 출판업계에서는 '라이트 노벨'이라는 분야의 시장이 급성
장하고 있습니다. 중고생을 대상으로 하는 글자 그대로 가벼운
터치의 픽션인데, 개중에는 교육상 바람직하지 않은 것도 있습
니다. 그런 책이 책장을 채우고 있는 것을 보면 부모로서는 걱정
이겠지요.

그러나 오락의 하나로 취급하고 눈을 딱 감는 것도 필요하다고
생각합니다. 오히려 '라이트'하지만 책을 읽는 습관이 있다는 것
이니 다행입니다.

특히 외설적인 표지의 책은 고등학교 남학생이라면 당연한 부분

도 있습니다. '2차원의 세계에 갇혀버리는 것이 아닌가' 하는 걱정은 이해합니다만 취미의 하나로 인정해줘도 좋을 것 같습니다. 그보다 무서운 것은 '전쟁을 미화'하거나 극단적인 우익 혹은 좌익의 사상에 빠지는 것입니다. 그런 경향이 보인다면 궤도수정을 유도하는 것이 좋습니다. 앞에서도 말한 바와 같이 중요한 것은 밸런스를 잡는 것입니다.

그것도 단순히 주의를 주는 것으로는 효과가 적을 것입니다. '눈에는 눈'까지는 아니더라도 '책에는 책'으로 대응하는 것이 필요합니다. 예를 들어 《비석》이라는 책이 있습니다. 히로시마 원폭에 의해 전멸한 히로시마제2중학교의 1학년 학생 322인의 기록입니다. 저는 이 책을 기회가 있을 때마다 소개합니다. 이 책을 읽으면 전쟁이 어떤 결과를 초래하는지 저절로 이해됩니다. "이런 책도 한 번 읽어보렴"이라며 건네주는 것이 부모의 역할이 아닐까요.

마찬가지로 빅토르 프랑클의 《밤과 안개》를 소개해도 좋습니다. 아우슈비츠 포로수용소로 보내진 저자가 천신만고 끝에 살아 돌아와 쓴 극명한 기록입니다. 현장의 사진도 게재되어 있으니 그것을 보고 새삼 '전쟁을 해보고 싶다'고 생각하는 사람은 아무도

세상에 읽지 못할 책은 없다

없을 것입니다.

물론 아이에게 소개하기 전에 부모가 먼저 읽어볼 필요가 있습니다. 게다가 단순히 "읽어라"라고만 하지 않고 읽어보기를 바라는 부분에 표시를 해서 "이 다섯 페이지만이라도 읽어보렴"이라며 건네는 것이 좋다고 생각합니다. 이것은 제가 아이들에게 실천한 방법이기도 합니다.

현재를 살고 있는 대다수의 일본인이 다행히도 전쟁을 경험하지 못했습니다. 그렇기 때문에 과거의 기억을 잊지 않고 다음 세대에게 전달할 의무가 있습니다. 훌륭한 자료인 책을 읽는 것도 하나의 방법입니다.

우익이든 좌익이든 자기 나름의 생각을 가지는 것은 자유입니다. 그러나 문제는 하나의 관점만을 갖는 것입니다. 특히 젊을 때는 지식이나 정보가 적은 만큼 하나의 사상에 빠지기 쉽습니다. 부모로서는 그것을 염려하여 '세상에는 다양한 관점이 있다'고 보여주어야 하지 않을까요.

넘쳐나는 정보 속에서
더욱 빛나는 책의 가치

요한 페터 에커만의 《괴테와의 대화》라는 책이 있다. 만년의 괴테가
젊은 시인 에커만에게 한 이야기를 정리한 것이다. 전3권의 대작인데
10년에 걸친 대화를 기록한 책이다.

이것을 읽으면 대문호 괴테가 자신을 향해 이야기하는 듯한 착각에
빠진다. 착각에 불과하지만 그것도 읽는 이의 자유이며, 독서하는 행
복을 느끼는 것은 바로 이런 순간이다.

괴테만이 아니다. 《학문을 권장함》 같은 책을 펼쳐보면 후쿠자와 유
키치의 목소리를 들을 수 있다. 우리들은 이런 책을 읽으면서 역사교

과서에서만 배웠던 인물을 친근하게 느끼고, 자신의 '조언자'로서 받아들이는 것이다. 이런 경험은 독서가 아니면 하기 어려울 것이다.

픽션이든 논픽션이든, 저자가 역사상 위인이든 무명의 신인이든 간에, 깨닫거나 느낄 수 있는 한 문장과 만나는 것은 크나큰 즐거움이다. 그 순간만으로도 '읽기를 잘했다'고 하지 않을까.

결국 독서에서 얻을 수 있는 것은 지식이나 정보만이 아니다. 좀 더 깊은 부분에서 마음을 지탱해주거나, 사고방식이나 삶의 방식을 가르쳐주거나, '자신의 축'을 만들어주는 데 그 의의가 있다.

그런 의미에서 책은 정말로 스승이나 친구와 같은 존재라고 생각한다. 그런 책을 처음부터 만나지는 못한다 하더라도 많은 책을 읽는 동안에 조우하게 되는 경우가 많다. 많은 정보가 넘쳐나고, 순식간에 소비되어 가치를 잃어버리는 지금에야말로 이러한 만남은 더욱 빛나는 것이 아닐까.

그런데 요즘엔 '책이 팔리지 않는다'는 말이 계속 나오고 있다. 학생들의 독서량도 전에 비해 상당히 줄어들었다. 이유는 여러 가지가 있겠지만 책과 접촉할 기회가 적은 것이 사실이다.

그러나 이런 상황은 또한 기회이기도 하다. 좀처럼 책이 팔리지 않는 시대에 각 출판사는 매출을 올리기 위해 출판종수를 늘리는 경향이 있다. 덕분에 많은 책들이 매일같이 출판되기 때문에 '책의 수명이 짧아졌다'는 비판이 있는 것도 사실이다.

그러나 다른 관점에서 보면 그만큼 저자가 늘어났다는 것이기도 하다. 예를 들어 입문서라고 하면 이와나미신서나 중공신서밖에 없던 시절에는 책을 낼 수 있는 사람이라야 대학의 교수 등으로 한정되어 있었다. 그러나 지금은 백화만발의 시절인 만큼 모든 장르의 사람들이 저자로 활약하고 있다. 이것은 책을 써보고 싶다는 사람에게나, 새로운 작가를 만나고 싶어 하는 독자에게나 좋은 환경이라고 할 수 있다.

이렇게 시야를 넓혀보면 개중에는 훌륭한 작가가 등장하여 독자의 마음을 사로잡는 일도 생길 것이다. 또 어떤 독자는 그것을 계기로 새로운 책의 재미에 눈 떠서 '장서 1,000권'을 목표로 할지도 모른다. 이러한 움직임이 출판업계 전체가 부활하는 길이라고 나는 기대한다.

출판업계 전체를 하나의 생물로 본다면 지금은 적자생존을 위해 처절하게 싸우는 형국이다. 표현이 좀 그렇지만 '썩기 전의 고기가 가장 맛이 있다'고 한다. 독자로서는 평생의 스승 또는 친구가 될 만한 양서와 만날 수 있는 기회가 될지도 모른다.

세상에 읽지 못할 책은 없다

하나도 빠짐없이 전부 읽어야 한다는 '정론'은 분명 '정론'이지만, 그 정론에 갇혀 많은 책을 읽지 못하는 이들을 위해 이 책을 썼다.

이 책을 읽고 '서점에라도 들러볼까', '재미있는 책이 있는지 검색이나 한번 해볼까' 하는 마음이 들었다면 저자로서 기쁜 일이다. 손에 잡은 책을 술술 읽는 쾌감을 모두가 맛보기를 소망해본다.

독서는 앉아서 하는 여행,
여행은 서서 하는 독서

책을 왜 읽어야 할까? 이 책은 이른바 '독서법'을 다룬 책이다. 책을 읽는 방법을 다룬 책이다. 더 나아가 책을 술술 잘 읽는 방법을 다룬 책이라고 할 수 있다. 지난 10년간 1,500권의 책을 읽은 나는 책을 왜 읽는 것일까? 사람들에게 왜 책을 읽으라고 해야 하는 것일까?

무엇인가를 잘하기 위해서는 그것이 '무엇'인지를 알아야 한다. 그리고 그 '무엇'을 '왜' 해야 하는지를 알아야 비로서 잘할 수 있는 방법에 대한 고민이 시작되는 법이다. 아마도 이 책을 손에 드는 독자들은 이미 책을 읽어야 하는 나름의 이유와 독서에 대한 자기 나름의 정의, 더불어 자기 나름의 독서법도 가지고 있을 것이다.

나는 사색하기 위해서 책을 읽는다. 짧지 않은 인생을 살아온 내가 가장 마음에 들어 하는 인생의 정의는 이렇다.

"인생은 자기를 찾기 위한 여행이다."

10대의 나의 생각과 행동은 20대의 나의 생각과 행동과는 다르다. 그럼에도 불구하고 '나'라는 정체성을 유지하고, 유지할 수 있는 이유는 무엇일까? 시도 때도 없이 바뀌는 생각과 행동의 편린들의 집합체로서 여러 번 분열되거나 파괴됐어도 이상할 것 없는 '나'라는 정체성은 용케도 우리들을 '존재'하게 한다.

나는 그러한 변화와 선택과 고민과 혼란 속에서 '나'를 찾는 사색을 떠나고 싶어서 책을 읽는다. 사람을 생각으로 이끄는 방법, 사색하기 위한 좋은 수단이 바로 여행과 독서가 아닌가 싶다.

그런 점에서 여행과 독서는 같은 목적을 달성하도록 상호작용하며 합일점을 만들어낸다. 바로 '독서는 앉아서 하는 여행'이고, '여행은 서서 하는 독서'라는 생각이 그것이다.

남들이 하는 말, 남들이 하는 생각, 남들이 읽는 책, 남들이 보는 영화, 남들이 하는 행동을 그대로 따라하기만 하면 된다고 생각하는 사람들에게는 이 책이 도움이 되지 않을 것이다.

그런데 불행하게도 우리가 살아가고 있고 살아가야 할 세상에서는 남들과 같은 방식으로만 사고하고 행동하는 사람들은 세상에 별로 도움이 안 된다.

생존의 영역에서 시작해서 자아실현의 단계로 이어지는 인간의 욕구체계, 욕망의 구조의 어디에 당신이 서 있든, 이제 남들과 똑같아서는 안 된다. 생존하기 위해서든, 자신의 자아를 실현하기 위해서든 무엇인가 차별점이 있어야 한다. 이런 일반론을 넘어서서, 우리가 살고 있는 공간인 대한민국의 현실이 또한 그렇다. 패스트 팔로워로서 다른 나라, 다른 기업, 다른 사람들을 따라 하기만 해도 생존하고, 성장할 수 있었던 시기는 이미 저물었다. 온 나라, 모든 기업, 누구나 할 것 없이 창의성이 중요하다, 정답이 정해져 있지 않은 지금의 세상에서는 질문을 품고 사는 것이 중요하다.

이것이 바로 우리가 생각을 깊이 있게 해야 하는 이유다. 남과는 다른 생각, 남과는 다른 행동이 남다른 결과를 가져올 수 있기 때문이다. 그러기 위해서는 우리가 살아가는 세계에 대한 이해의 폭을 넓히는 것은 물론이고 그 방법에 있어서도 더 효과적으로 접근해야 한다. 남과

세상에 읽지 못할 책은 없다

다른 생각을 하자면 남들이 어떤 생각을 하는지 알아야 하고, 남다른 행동을 하자면 남들이 어떤 행동을 하는지 알아야 하지 않겠는가.

그러나 그런 의미에서 세계를 전부 직접 체험하고 사고하기에는 우리의 인생이 너무 짧다. 충분히 길지 않다. 그래서 간접경험으로서의 독서나 새로운 자극에 노출되는 여행이 우리에게 새로움을 부여할 수 있는 것이다. 독서나 여행은 본 것으로만 끝나는 것이 아니라, 그 안에서 나만의 새로운 생각과 행동을 이끌어 낼 수 있다는 점에서도 효과적이다.

그래서 책을 읽어야 한다. 그렇게 책을 읽어야 한다. 저자의 생각을 그대로 받아들이는 것이 아니라 자신의 경험과 기존 지식과 새로운 저자의 이야기가 만나서 비로서 창의적인 발상이 가능한 것이다. 기존지식의 축적이 없이는 창의성은 발현될 수 없다. 기존지식과 기존경험이 새로운 지식이나 새로운 상황과 만났을 때 창의성의 부싯돌은 불꽃을 틔워낼 수 있다.

패러다임이 바뀌고 있는 오늘의 한국인들은 '사춘기'로 돌아갈 필요가 있다. 온 우주가 나를 중심으로 돌아가는 듯하다가, 온 우주가 나만 빼고 돌아가는 것 같은 실감 속에서 온 몸으로 저항하고, 쓰러지지 않기 위해 자신의 정체성을 묻는 시기가 바로 사춘기다.

왜 남들과 같은 틀에 나를 가두려고 하는가? 왜 남들과 똑같은 행동을 나에게 요구하는가? 왜 남들과 똑 같은 생각을 나에게 강요하는가? "난, 나야!" 이렇게 세상을 향해 외치던 물음을 이제 자기 자신에게 던져야 한다. 그 질문들을 내면화해야 한다. 그런 질문에 대한 답을 찾는 과정으로서 독서는 여전히 강력하고 효과적인 방법이다.

그렇게 '자유인'이 되는 가운데서 우리는 '나'를 발견하거나 구축할 수 있는 것이 아닐까? 이 책을 통해 어떤 책도 재미있게 읽어내는 비법을 알게 됐다면 '앉아서 하는 여행'을 찾아 다음 책을 고를 것을 권한다.

임해성

KI신서 6316

세상에 읽지 못할 책은 없다

1판 1쇄 발행 2016년 5월 6일
1판 2쇄 발행 2016년 6월 3일

지은이 사이토 다카시 **옮긴이** 임해성
펴낸이 김영곤
출판사업본부장 안형태
해외출판팀 유승현 조문채 박나리
디자인 엔드디자인
제작 이영민
출판영업마케팅 이경희 김홍선 최성환 정병철 이은혜 유선화 백세희 조윤정
홍보팀 이혜연

펴낸곳 (주) 북이십일 21세기북스
출판등록 2000년 5월 6일 제406-2003-061호
주소 (10881) 경기도 파주시 회동길 201(문발동)
대표번호 031-955-2100 **팩스** 031-955-2151 **이메일** book21@book21.co.kr
홈페이지 www.book21.com **블로그** b.book21.com
트위터 @21cbook **페이스북** facebook.com/21cbook

ISBN 978-89-509-6263-0 03020